NEWMAN

PAUL NEWMAN

■

REBELL UND

GENTLEMAN

März 2000

NEWMAN

ERIC LAX

PAUL NEWMAN

REBELL UND GENTLEMAN

Aus dem Englischen von Petra Thoms

Henschel Verlag

Newmans Glück

Hätte es im Jahre 1948 nicht diese Kneipenschlägerei in Ohio gegeben, wäre alles weitere vielleicht gar nicht von Belang. Das behauptet er jedenfalls. Nicht daß sie sich von den anderen Raufereien besonders unterschieden hätte, die am Wochenende zwischen den Studenten des Knaben-Colleges in Kenyon und den Jungs aus der Stadt ausgetragen wurden, weil diese meinten, einen Anspruch auf die einheimischen Mädchen zu haben. Wo sonst als in den Kneipen und Tanzschuppen der kleinen Gemeinde in Mittel-Ohio konnte man jemanden kennenlernen, und da die Nachfrage immer größer war als das Angebot, blieb die Enttäuschung nicht aus. Wer nun wem eine reinhaute, wäre normalerweise unerheblich gewesen, hätte an jenem Abend nicht der Quarterback des Footballteams einen Polizisten in Zivil aufgemischt. Wie um Himmels willen sollte man das auch ahnen – schließlich trug er keine Marke. Und bevor jemand merkte, wer der Typ am Boden eigentlich war, landeten ein paar weitere Spieler ihre Treffer, und schon war die Prügelei in vollem Gange.

LINKS

Während der Dreharbeiten zu *Die Hölle ist in mir* (1956). Es war die zweite Rolle als Boxer, die Newman übernahm, nachdem James Dean verunglückt war. Anfangs wollte er sie nicht annehmen, denn, so sagte er: „Ich wollte nicht von dieser Tragödie profitieren."

RECHTS

Als junger Mann erinnerte Newmans Gesicht mit seinen wie gemeißelten Zügen an das Bildnis auf einer antiken Münze. Im späteren Leben ist er mit Würde gealtert, und heute gleicht sein Gesicht einer feinen Radierung, wie wir sie von den Köpfen auf Briefmarken kennen.

Polizisten in Uniform trafen ein und machten der Sache ein Ende. Als sie den Quarterback mit zwei weiteren Mannschaftskollegen abführten, warf dieser einem 68 Kilo schweren Reserve-Abwehrspieler seine Autoschlüssel zu und bat ihn, seinen Wagen zum Revier zu fahren. Dort angekommen, mußte dieser dem diensthabenden Sergeant seine Hände zeigen. Ein Blick auf die roten, geschwollenen Knöchel genügte, um auch ihn hinter Gitter zu bringen. Eine Stunde später hatte sich die halbe Studentenschaft von Kenyon biertrinkend und alte Collegelieder singend auf dem Parkplatz vor dem Gefängnis versammelt. „Ich fand es wundervoll", sagte der Ex-Abwehrspieler einen Monat vor seinem siebzigsten Geburtstag. Das College teilte diese Auffassung nicht ganz: Die beiden Hauptbeteiligten wurden der Schule verwiesen; der Abwehrspieler und drei andere bekamen Bewährung, wurden aber aus dem Team ausgeschlossen.

So kam es, daß Paul Newman Schauspieler wurde. Er war sowieso kein guter Football-Spieler. Sagt er. Wenn er spricht, kommt nicht immer ein ganzer Satz heraus, häufig sind es Stichworte: „Mies. Echt armselige Mannschaft. Hat's nie richtig gebracht." Dann das Resümee: „Mein Ehrgeiz war immer größer als mein Talent."

Er war dreiundzwanzig Jahre alt und hatte ein Militärstipendium für das College. Mit siebzehn hatte er sich bei der Flugabteilung des Ausbildungslagers für Reserveoffiziere der Navy beworben, und unmittelbar nach seinem High-School-Abschluß im Januar 1943 hatte er vier Monate auf der Ohio University in Athens verbracht, wo er auf seinen Einberufungsbefehl wartete. Inzwischen älter und, wie er glaubte, weiser geworden, wollte er nie wieder auf eine gemischte Schule gehen: „Ich wollte mich lieber von den Frauen fernhalten." So ehrenhaft seine Absicht auch war, das Ergebnis war eher bescheiden. „Es dauerte ungefähr …" Hier bricht er in heiseres Kichern aus und schüttelt den Kopf. „Kein guter Schachzug." Er lacht. „Eine schlechte Entscheidung."

Da man in einer reinen Jungenschule nun mal nichts über Frauen lernen kann, fiel es ihm oft sehr schwer, zum Unterricht zu erscheinen. Dennoch gelang es ihm, eine Auszeichnung in Rhetorik zu erhalten. Bis zum vorletzten Jahr vor seiner Graduierung – als sein Rausschmiß aus dem Footballteam ihn dazu zwang, sich außer der Trinkerei und den Prügeleien ein anderes Ventil für seinen Enthusiasmus zu suchen – war es allerdings ziemlich „unsicher, in welche Richtung ich mich weiterentwickeln würde."

Wie sich herausstellen sollte, hat er dann doch in relativ kurzer Zeit eine Richtung gefunden. Mit der Bescheidenheit desjenigen, der in den folgenden fünfundvierzig Jahren so überaus erfolgreich war, sagt er: „Ich war ein furchtbar schlechter Schüler". Allerdings kein schlechter Schauspieler.

Obwohl er sich nach seinen eigenen Worten immer „etwas unwohl" dabei fühlte, trat er in diversen Grundschul- und High-School-Produktionen auf. Im Alter von zwölf Jahren spielte er sogar die Hauptrolle in *St. Georg und der Drache* im Cleveland Playhouse. Während seines kurzen Aufenthalts an der Ohio University bekam er die Rolle des

Boxers Speed McFarland in der Komödie *The Milky Way* von Lynn Root und Harry Clork. Seine Liebe zur Schauspielerei entdeckte er jedoch erst in Kenyon. In der Unter- und Oberstufe des College spielte er die Hauptrolle in zehn Theateraufführungen, von *Reporter* und *Charleys Tante* bis zu *Der Widerspenstigen Zähmung* und *Der Alchimist*. James Michael, sein Schauspiellehrer, erzählte vor ein paar Jahren, es sei ihm „schwergefallen, Paul nicht in jedem Stück die Hauptrolle zu geben“. Außerdem schrieb und produzierte der junge Newman ein Musical, bei dem er auch selbst die Hauptrolle spielte und Regie führte. Für seine mittelmäßigen schulischen Leistungen gab es einen plausiblen Grund: „Ich hatte einfach keine Zeit für die Schule.“

So verlor er auch nach seinem Abschluß keine Zeit. Die letzten Prüfungen im Juni 1949 waren um zwei Uhr nachmittags beendet. Um drei Uhr saß er bereits im Zug nach Williams Bay, Wisconsin und war auf dem Weg ins Sommertheater. Fünf Jahre später hatte er den Broadway erobert und einen Vertrag bei Warner Brothers unterschrieben. Zehn Jahre später war er ein international bekannter Star. Immer wieder verkörperte er die typische amerikanische Randfigur, die mit ihrer Sturheit und Willenskraft meist ihre eigenen Pläne vereitelt, mit ihrer persönlichen Ausstrahlung aber alle Herzen für sich gewinnt. Er ist ein untypischer Held: Auch wenn er das Mädchen irgendwann erobert, bleibt er am Ende meist doch allein. Seit nunmehr zwei Generationen ist er aus der amerikanischen Unterhaltungskultur nicht mehr wegzudenken. Heute kann er auf drei bejubelte Rollen am Broadway, 53 Filme (vier davon unter seiner Regie), acht Oscar-Nominierungen und drei Oscars (einen als bester Schauspieler, einen Ehren-Oscar und einen Oscar für seine humanitäre Arbeit) zurückblicken. Neben seinen Verdiensten im Filmgeschäft hat er sich ein Leben lang für eine liberale Politik eingesetzt. So gehört er zu der Gruppe, die kürzlich das altehrwürdige, streitbare linksgerichtete Wochenmagazin *The Nation* aufkaufte, und 1978 nahm er als US-Delegierter an Abrüstungsverhandlungen der Vereinten Nationen teil. Auf Richard Nixons Schwarzer Liste stand er immerhin an neunzehnter Stelle. Aber auch auf sportlichem Gebiet tat sich Newman hervor. Viermal gewann er das nationale Autorennen der Amateure, 1979 belegte er den zweiten Platz beim 24-Stunden-Rennen von Le Mans, beim 24-Stunden-Rennen von Daytona im Jahre 1995 wurde er Sieger seiner Klasse und belegte den dritten Platz in der Gesamtwertung. Damit war er der älteste Fahrer, der jemals ein Profi-Rennen gewonnen hat. Hervorzuheben ist natürlich auch und vor allem anderen seine seit 39 Jahren andauernde Ehe mit Joanne Woodward. Und nicht zu vergessen: Seit 1982 hat er nahezu 70 Millionen Dollar gespendet, den gesamten Profit (nach Abzug der Steuern) von Newman's Own – der Salatdressing-, Spaghettisaucen-, Limonaden- und Popcorn-Firma, die aus Jux gegründet worden war, um ein paar Mark für wohltätige Zwecke aufzutreiben. Ein ganz schön beachtlicher Jux. Auf sein Glück führt Newman alles zurück, was ihm gelingt.

Arthur und Paul Newman. „Kriegszustand", meint Paul, wäre das richtige Wort, um ihre Beziehung als Heranwachsende zu beschreiben. Als Erwachsene stehen sie sich nahe. Arthur hat mehrere von Pauls Filmen mitproduziert.

Wir kennen ihn als Hud, Harper, Fast Eddie, Butch Cassidy und ein Dutzend andere Figuren. Aber zu glauben, wir würden ihn wirklich kennen, wäre fatal – auch wenn die Anzeigen lauthals verkünden: „Paul Newman *ist* Hud" oder „Paul Newman *ist* Harper". Paul Leonard Newman, am 26. Januar 1925 in Cleveland, Ohio geboren, verwandelt sich in Hud oder Harper oder eine von vielen anderen Figuren, die der Phantasie eines Schriftstellers entsprungen sind. Er wird tatsächlich zu jenen Charakteren. P. L. Newman, wie er sich als Rennfahrer nannte, investiert etwas von sich selbst, setzt seine Vorstellungskraft ein und haucht den Leinwand-Figuren Leben ein. Dabei verschwimmt die Grenze zwischen realem Leben und Phantasie, eine Überschneidung des Künstlers und seiner Rollen ist fast unvermeidlich. Doch wie prickelnd dies auch sein mag – Newmans große Leistung besteht darin, seine Rollen unabhängig von seiner eigenen Erfahrung wirklich werden zu lassen.

Newman verkörpert oft Männer der unteren Mittelklasse, doch er selbst und sein ein Jahr älterer Bruder Arthur sind in dem beträchtlichen Luxus eines ansehnlichen Elf-Zimmer-Hauses in Shaker Heights, einem grünen und wohlhabenden Vorort von Cleveland, aufgewachsen. Ihre Beziehung als Heranwachsende beschrieb er einmal so:

„Kriegszustand ist, denke ich, ein gutes Wort dafür." Als Erwachsene stehen sie sich jedoch sehr nahe. „Ein verdammter Hurensohn", so nennt Paul seinen Bruder mit unverhohlener Bewunderung. Arthur, mit den gleichen blauen Augen und einer verwirrend ähnlichen Stimme, hat eine ganze Reihe von Pauls Filmen mitproduziert, und kürzlich hat Paul ihn bei seinem erfolgreichen Wahlkampf als Stadtrat in Rancho Mirage in Kalifornien unterstützt, wo Arthur, wie Newman sagt, „so einigen die Hölle heiß macht".

Ihr Vater, Arthur S. Newman, war Jude deutscher Abstammung. Ihre Mutter, Theresa Fetzer, war Ungarin und ursprünglich katholisch, konvertierte aber, als Paul fünf Jahre alt war, aus ihm unbekannten Gründen zur Kirche der Christlichen Wissenschaft. Paul fühlt sich keiner dieser verschiedenen Glaubensrichtungen wirklich zugehörig. Am ehesten betrachtet er sich als Jude, „weil das die größere Herausforderung ist."

Arthur sr. und sein Bruder Joseph waren Teilhaber in der Newman-Stern-Company, einer florierenden Sportartikelfirma in Cleveland. Beide hatten als Journalisten gearbeitet, bevor sie im Jahre 1915 die Firma gründeten – Joseph war ein bekannter Zeitungsredakteur in Ohio (in den fünfziger Jahren veröffentlichte er Bücher mit wunderlichen Gedichten und Titeln wie *Vergängliche Gedichte* oder *Gedichte für Pinguine*), Arthur war mit siebzehn Jahren der jüngste Reporter, der je von der *Cleveland Press* eingestellt wurde. Bald jedoch hörte er wieder auf, um Joe im Laden zu helfen, wo sie sechs Tage die Woche arbeiteten. Beide Brüder hatten offensichtlich einen wunderbaren Sinn für Humor, aber was Paul an seinem Vater am stärksten beeindruckte, war seine moralische Einstellung. Als Geschäftsmann hatte er aufgrund seiner guten Zahlungsmoral einen so makellosen Ruf, daß große Firmen ihm selbst während der Depressionszeit Ware im Wert von mehreren 100.000 Dollar auf Kommission überließen. Mit dem gleichen Sinn für Anstand erzog er auch seine Söhne. Selbst wenn man einen Vater hat, dem ein Laden voll mit Bällen, Handschuhen und Zubehör für die verschiedensten Spiele gehört: Das Privileg, etwas davon zu besitzen, muß erst verdient werden. So bekam Paul seinen ersten Baseballhandschuh erst mit zehn Jahren, was er als „eine Lektion" bezeichnete, aber durchaus befürwortete. Die Kehrseite dieser Strenge und der langen Arbeitszeiten des Vaters war eine Distanz zwischen Vater und Sohn, ein Bruch, den Paul hauptsächlich sich selbst zuschrieb. „Ich wußte nicht, was los war, weder mit mir noch mit der Außenwelt", erklärte er. „Ich glaube, er hatte nicht die Geduld, sich unnötig mit irgendwelchen Dingen abzugeben – was ... keine Kritik an ihm sein soll. Es ist eher eine Art Selbstkritik. Ich war ein Spätzünder. Ich bekam erst sehr viel später im Leben einen Schimmer davon, was es bedeutet, einem älteren Menschen nahezustehen." Er betrachtete seinen Vater als „Genie und Grobian", dem er nie richtig zeigen konnte, wer er war oder was aus ihm werden könnte. „Ich glaube, er hat mich immer für einen ziemlichen Schwächling gehalten", sagte er vor ein paar Jahren. „Er hat mich oft so

Newman um 1950, als er nach dem Tod seines Vaters nach Cleveland zurückkehrte, um zu helfen, den Sportartikel-Familienbetrieb zu führen.

behandelt, als wäre er enttäuscht von mir, und er hatte recht. Es hat mich in meinem Leben mit am meisten gequält, daß er meinen Erfolg nicht mehr miterleben konnte. Ich wollte ihm so gern beweisen, daß ich es zu etwas bringen konnte. Aber ich bekam nie eine Chance, keine einzige Chance."

Auch zu seiner Mutter hatte er anscheinend keine besonders enge Beziehung. „Sie ist in einer sehr armen Familie aufgewachsen", sagte er, „und sie hatte Wertvorstellungen, über die wir heute die Nase rümpfen – wissen Sie, materielle Dinge wie der Wunsch, zwei Autos in der Garage zu haben. Aber ich bin eigentlich zurückhaltend, wenn es um die Familiengeschichte geht, [denn] ich finde es sehr, sehr verdächtig, wenn junge Leute über ihre Eltern herziehen, besonders wenn sie nur die eigenen ständig wachsenden Probleme vor Augen haben … Diese ganze Geschichte: gute Eltern, schlechte Eltern. Spielt dieser ganze Psychokram denn eine Rolle? … Ich habe zu viele Leute gesehen – und ich spreche dabei nicht über mich … oder vielleicht doch, ich weiß nicht –, die weit mehr von Gleichaltrigen als von ihren Eltern beeinflußt werden. Verdammt, bei mir war es jedenfalls so, das weiß ich."

Sein Onkel Joe, den Newman als einen „wunderbaren und begabten Menschen" in Erinnerung hat, zu dem er aber auch keine engere Beziehung als zu seinem Vater hatte, förderte sein Interesse an Kunst, besonders an Literatur. Es war jedoch seine Mutter, die ihm die Welt des Theaters näherbrachte. Sie besuchte regelmäßig die Gastspiele am Hanna Theater in der Innenstadt Clevelands und erfreute ihn mit ihrer Beschreibung der kleinsten Einzelheiten. Offensichtlich hat sie ihn auch dazu ermuntert, sich für die Schulaufführungen zu bewerben. Rückblickend kann man sagen, daß dies eine große Hilfe war für einen Jungen, der so klein und mager war, daß er nicht einmal für die Junior-Football-Mannschaft an der Uni in Frage kam. An den öffentlichen Schulen von Shaker Heights, wo er, wie er erzählt, „regelmäßig grün und blau geprügelt wurde", schien eine „darwinistische" Einstellung vorzuherrschen. Aber er trug es mit Fassung. Irgendeinen künstlerischen Nutzen konnte er allerdings nicht daraus ziehen; seine Begabung, den Schmerz zu verdrängen, ist nach seinen eigenen Worten „keine besonders wertvolle schauspielerische Eigenschaft".

Die Kränkungen setzten sich fort, als er im Juni 1943 in die Navy eintrat und auf die V-12-Schule der Yale University geschickt wurde. Er maß damals nur 1,63 Meter und war so klein, daß jemand ihn fragte, ob er nicht ein bißchen zu alt für einen „Pfadfinder zur See" sei. Zur Kränkung kam die Enttäuschung. Er war zum Pilotentraining zugelassen worden, doch bald wurde bei ihm Rotgrünblindheit festgestellt. Anstatt also Pilot bei der Navy zu werden, zog er als Funker dritter Klasse beim Fliegerkorps der Navy in den Zweiten Weltkrieg und verbrachte die nächsten drei Jahre hauptsächlich auf dem Rücksitz eines Torpedobombers. Die Torpedobomber, die gewöhnlich von Flugzeugträgern aus operierten, hatten bis 1943 auf beiden Seiten spektakuläre Treffer gelandet, darunter bei den britischen Nacht-Bombardements der italienischen Flotte vor Taranto 1940, beim Angriff der Japaner auf Pearl Harbor 1941 und beim Sieg der USA auf Midway Island 1942. Der Erfolg war allerdings teuer bezahlt. Ebenso wie Stukas waren Torpedoflugzeuge leichte Beute für Kampfflieger und verzeichneten oft schwere Verluste. Kamikaze-Piloten hatten sicher weit gefährlichere Aufgaben, aber dafür, daß Newman den Krieg um jeden Preis überleben wollte, hatte er sich einen riskanten Job ausgesucht – er stellte das Schicksal auf eine harte Probe.

Seine Entscheidung für das Navy-Fliegerkorps belastete auch erheblich das schon seit langem gespannte Verhältnis zu seinen Eltern, wofür Newman sein eigenes Verhalten verantwortlich macht. „Eigentlich war ich damals ein Taugenichts", sagt er nicht ohne Ironie. „Mit Sicherheit war ich kein Musterknabe. Ich habe ziemlich viel angestellt. Mich schlecht benommen. Der Vorfall im Gefängnis [in Kenyon] erschien auf der Titelseite des *Plain Dealer* in Cleveland; das hat unsere Beziehung nicht gerade gefestigt und schon gar nicht verbessert." Es war schon schlimm genug, daß ihr Sohn auch ohne sein Zutun so leicht in Schwierigkeiten geriet. Daß er sich aber mit Absicht der Gefahr aussetzte, konnten sie nur schwer akzeptieren. Heute zeigt Newman Reue über sein Verhalten, vielleicht weil er als Vater von sechs Kindern den Schmerz kennt, der damit verbunden ist. „Ich glaube, sie haben es mir nie verziehen, daß ich mich für die Torpedobomber gemeldet habe", sagt er, im Bewußtsein der Gefahr, der er sich ausgesetzt hatte. „Das machte ihnen Sorgen und verärgerte sie."

Er liebte die Fliegerfilme über den Ersten Weltkrieg, besonders den Klassiker *Wings* von 1927, „wo die Helden noch Auge in Auge kämpften, statt einfach eine nette kleine Bombe irgendwo abzuwerfen." Torpedobombardierungen waren die Angriffsmethode im Zweiten Weltkrieg. Den Großteil der nächsten drei Jahre verbrachte er mit Aufklärungsflügen im Pazifik vor Guam, Saipan und Hawaii, doch entgegen allen Befürchtungen war er niemals in ernsthafte Kampfhandlungen verwickelt. Was sonst als Newmans Glück schützte ihn im einzigen Moment großer Gefahr. „Der Pilot, mit dem ich flog, hatte eines Tages Probleme mit den Ohren, und so hatten wir Startverbot. Der Rest unserer Staffel wurde auf einen Flugzeugträger verlegt. Am selben Tag wurde das Schiff 75 Meilen vor der japanischen Küste von einem Kamikaze-Flieger voll getroffen", und, fügt Newman hinzu, „viele gingen dabei drauf."

Er ging also nicht in die Luft, schoß aber in die Höhe – in einem Jahr wuchs er 15 cm und erreichte damit seine jetzige Größe von 1,78 m. Aber er war immer noch ein Jüngling: „Ich bin den ganzen Krieg über mit zwei Rasierklingen ausgekommen." Im Herbst 1946 schrieb er sich in Kenyon ein, wo er hauptsächlich Betriebs- und Volkswirtschaft studieren wollte. Bald aber wechselte er zu Literatur und Schauspiel. Und Bier. Er behauptet von sich, er habe seinen Abschluß mit „Magna cum Lager" gemacht. Um nebenbei Geld zu verdienen, betrieb er einen Waschsalon für Studenten in der

Hauptstraße der Stadt. Weil er das Geschäft ankurbeln wollte, kaufte er jeden Samstagvormittag ein Fäßchen Bier, damit die Kommilitonen etwas zu trinken hatten, während sie auf ihre Wäsche warteten. So verdiente er zwischen 250 und 350 Dollar pro Monat.

Kurz vor seinem Abschluß verkaufte er das Geschäft und seinen guten Namen an einen Studenten im ersten Semester. Und wieder einmal hatte er Glück. In der Stadt gehörten Pferde immer noch zum Straßenbild, und an einem Samstag, kurz nachdem das Bier angezapft worden war, stand auf einmal ein Hengst vor dem Waschsalon. Ein Student, dessen Verstand wohl zusammen mit seinen Hemden in der Waschmaschine gelandet war, hatte sich Boxhandschuhe angezogen und war bei dem Versuch, dem Pferd sexuelle Befriedigung zu verschaffen, verhaftet worden. Der Waschsalon wurde am nächsten Tag geschlossen. Es war reines Glück, meint Newman, daß so etwas nicht während seiner Zeit als Eigentümer passiert war.

Aber zu der Zeit war er schon lange weg, unterwegs ins Sommertheater mit dem Hochschulabschluß in der Tasche – wenn auch nicht mit Auszeichnung, so hatte er es doch wenigstens geschafft. „Ich glaube, es war reine Großzügigkeit", meinte Newman dazu. „Viele meiner Noten lagen unter dem Durchschnitt, aber genügend lagen auch darüber. Und so haben sie einfach gesagt: ‚Geben wir dem Kerl doch einfach vier Dreien, dann sind wir ihn los.'"

Wenn das wirklich der Fall war, dann war das eine klügere Entscheidung, als man damals in Kenyon ahnte. In den Siebzigern kehrte Newman zurück, um in der Schauspielabteilung von Kenyon zu arbeiten, und sein Name ist eine erstklassige Empfehlung für eine ausgezeichnete, wenn auch nicht sehr bekannte Schule. 1981 verlieh ihm das College ungeachtet seiner früheren Leistungen einen Ehrendoktortitel. Die Zeit der Bewährung war damit für ihn zu Ende.

In Williams Bay, Wisconsin trat er in jenem Sommer in Norman Krasnas Komödie *John Loves Mary* und dann als Gentleman Caller in Tennessee Williams' *Die Glasmenagerie* auf. Es war der Beginn einer besonderen Beziehung zu Williams' Werk, das seine gesamte Karriere begleiten sollte. Unmittelbar danach bekam er das Angebot, für die Saison 1949–50 einen Vertrag bei den Woodstock Players zu unterschreiben, einer Tournee-Truppe, die aus der Nähe von Chicago stammte. Es war ein ausgefülltes Jahr. Newman trat in sechzehn Stücken in Folge auf. Eine seiner Rollen war die des Christian de Neuvilette, Roxanes gutaussehenden, aber dummen Liebhabers, der in Rostands *Cyrano de Bergerac* von Cyranos Beredtheit profitiert. Im wirklichen Leben wurde Newman der gutaussehende, aber intelligente Ehemann von Jacqueline Witte, einer lebhaften blonden Frau mit viel Sinn für Humor, die ebenfalls der Truppe angehörte. Als sie gerade mit ihrem ersten gemeinsamen Kind schwanger war, starb Newmans Vater im Mai 1950 im Alter von siebenundfünfzig Jahren. Paul kehrte nach Shaker Heights zurück, kaufte ein Haus und half mit, den Laden zu führen.

So vieles war noch in der Schwebe: Er stand am Anfang seiner Karriere, hatte gerade eine Familie gegründet, und der plötzliche Tod seines Vaters brachte seine Pläne durcheinander. Es ist eine Ironie des Schicksals, daß sein Vater fünfunddreißig Jahre zuvor seine aussichtsreiche Stellung bei der *Cleveland Press* aufgegeben hatte, um in den Familienbetrieb einzusteigen. Jetzt war Paul selbst an der Reihe.

Unglückliche und angespannte Beziehungen zwischen Vater und Sohn im eigentlichen wie im metaphorischen Sinne bilden das Hauptthema vieler Newman-Filme, von Frühwerken wie *Anklage: Hochverrat* über *Die Katze auf dem heißen Blechdach*, *Von der Terrasse* und *Der Wildeste unter Tausend* bis zu *Nobody's Fool – Auf Dauer unwiderstehlich* von 1994, in dem er diesmal die Rolle des Vaters spielt. Nur zu gut kennt er den tragischen Schmerz, den ein schwieriges Verhältnis oder ein Verlust mit sich bringen, als Sohn wie als Vater. So starb Newmans Sohn Scott, zu dem er offenbar eine schwierige Beziehung hatte, im Alter von achtundzwanzig Jahren an einer unbeabsichtigten Überdosis Drogen und Alkohol. *Nobody's Fool – Auf Dauer unwiderstehlich*, ein Film über einen emotional unzugänglichen Vater, der sich dann aber seinem Sohn öffnet, bietet von allen Filmen Newmans die befriedigendste Lösung an. Der Grund dafür ist vielleicht, daß Newman hier mehr aus der eigenen Erfahrung als aus seiner Phantasie schöpft. Dahingehend befragt, antwortet er: „Nun, sagen wir einfach, daß diese Figur [Donald „Sully" Sullivan] eine Entwicklung von Unzugänglichkeit bis Hinwendungsbereitschaft durchläuft, und das geht schon an die Substanz."

LINKS
Mit Burl Ives in *Die Katze auf dem heißen Blechdach* (1958). Der Konflikt zwischen dem Vater, der künstlich eine Beziehung zu seinem Sohn herstellen will, nachdem er ihn (in den Augen des Sohnes) ein Leben lang vernachlässigt hat, und dem Sohn, der sich diese Verbindung zwar verzweifelt wünscht, aber aus Angst, erneut enttäuscht und verletzt zu werden, jedem Annäherungsversuch mit Mißtrauen und Widerwillen begegnet, ist ein Thema, das Newman in mehreren Filmen überzeugend dargestellt hat.

RECHTS
„Fast Eddie" Felson in einer Drehpause. Newman startete seine Karriere als Vertragsschauspieler bei Warner Brothers, aber mehr als für jedes andere Studio hat er für Twentieth Century-Fox gedreht – darunter Filme wie *Haie der Großstadt* und *Zwei Banditen*.

Seine Zeit in Cleveland war von Konflikten geprägt. Newman fühlte sich zwar seiner Familie verpflichtet, aber er haßte das Sportartikelgeschäft. „Es war ein toller Laden", gab er augenzwinkernd vor vielen Jahren zu. „Man konnte dort alles mögliche kaufen – Campingausrüstungen, Kameras, kurioses Funkzubehör. Einzelhandel kann zweifellos eine Quelle der Romantik und der Heiterkeit sein."

Aber wie sollte man es nach Williams Bay bloß in diesem Laden aushalten? Ruhelos und gelangweilt arbeitete Paul im Laden und hatte außerdem noch ein paar andere

Jobs, so daß er insgesamt ganz gut verdiente. Er leitete einen Golfplatz, und beim lokalen Radiosender fand er ein Ventil für seine schauspielerischen Ambitionen. Dann kam das Fernsehen, das damals noch in den Kinderschuhen steckte, nach Cleveland, und Paul wurde für einen Werbespot der National City Bank angeheuert, der fünfmal die Woche in den Abendnachrichten um 23 Uhr live gesendet wurde. „Ich sah ungefähr wie ein Vierjähriger aus", sagt er erstaunt. „Himmel, ich weiß nicht, wie die ausgerechnet auf mich gekommen sind."

Im gleichen Jahr wurde Alan Scott Newman geboren, aber es war klar, daß Jackie und Paul sich nicht in Cleveland niederlassen wollten. Sie verlangten vom Leben doch etwas mehr Romantik. Als Newmans Familie 1951 die Newman-Stern-Company verkaufte, war er endlich frei. Im September zog er mit Jackie und Scott nach New Haven, Connecticut. Dort schrieb er sich für ein dreijähriges Regiestudium mit Magisterabschluß an der Yale University School of Drama ein.

Newman hat während seiner gesamten Laufbahn wiederholt geäußert, daß er sein geregeltes Leben in Shaker Heights nicht aufgegeben habe, weil er unbedingt Schauspieler oder Regisseur werden wollte, sondern um einem Leben zu entfliehen, das ihm „nichts bedeutete": „Ich wußte, daß ich vor einem Leben als Kaufmann davonlief." Er gibt aber auch zu, daß die Schauspielerei „im College immer das einzige war, was ich gut konnte." Wahrscheinlich trug beides zu seiner Entscheidung bei. „Mir war nicht bewußt, daß ich zum Theater wollte", sagte er Ende 1994. „Yale bot mir Sicherheit. Ich dachte mir, ich sollte versuchen, Schauspieler oder Regisseur zu werden. Und wenn ich das nicht schaffen würde, hätte ich wenigstens meinen Magister und könnte selbst Dozent werden."

Aber die Anforderungen seines Studiums führten dazu, daß seine romantische Vorstellung schnell von der Wirklichkeit eingeholt wurde. Über seine Schauspielerei auf dem College sagte er: „Ich hatte keine Ahnung, was ich da tat. Ich lernte meine Zeilen auswendig und sagte sie mechanisch auf, ohne Spontaneität, ohne die geringste Vorstellung, wie ich mit dem umgehen sollte, was um mich herum auf der Bühne geschah, und ohne zu verstehen, was es bedeutet zu denken und zu reagieren." Doch dies ist eine Erkenntnis, die erst nach langen Jahren des Studiums und der Erfahrung gereift ist.

Er wußte von Anfang an, daß er kein instinktiver Schauspieler ist, sondern sich in eine Rolle „hineindenken" muß. „Ich habe mich, was meine Gefühle anbelangt, immer eher als Republikaner gesehen", erklärt er und gibt damit einen von Shaker Heights geprägten Charakterzug zu. „Ich bin nicht besonders gut darin, mich zu offenbaren. Lieber verstecke ich mich hinter furchtbar dreckigen Witzen." Und weiter sagt er: „Die emotionalen Anforderungen, die an einen Schauspieler gestellt werden, haben mir Angst gemacht. Als Schauspieler läßt man seine Hosen runter. Man ist bloßgestellt." Das wurde ihm bewußt, als er kurz nach seiner Ankunft in Yale eine Rolle in Shaws *Die heilige Johanna* annahm, ohne sich vorher zu vergewissern, was die Rolle von ihm ver-

RECHTS
Mit seinen wie gemeißelten Gesichtszügen sah Newman wie ein griechischer Gott aus, als er bei Warner Brothers als Vertragsschauspieler anfing. Viele waren auch der Meinung, daß er Marlon Brando wie aus dem Gesicht geschnitten war.

langte. Als er nach Hause kam – er lebte zu der Zeit mit seiner Frau und seinem Sohn in einer Pension – und seinen Text durchging, „war das erste, was mir bei der Betrachtung des Skripts auffiel, daß ich auf der Bühne weinen mußte. Ich bekam Magenkrämpfe und versuchte mir sofort eine Möglichkeit zurechtzulegen, wie ich das Ganze im Hintergrund der Bühne spielen könnte. Und dann dachte ich: Was bin ich bloß für ein Arsch. Nur 900 Dollar auf der Bank, und schleppe meine Familie bis nach Connecticut, um mich dann wieder aus der Affäre zu ziehen … Ich ging also mit dem Skript runter in den Heizungskeller und sagte zu mir: Okay, mein Lieber, du bleibst jetzt so lange hier sitzen, bis du einen Weg findest, wie du das bewerkstelligst, oder du kannst die ganze Sache gleich vergessen." Jahre später erinnerte er sich: „Diese Darstellung war wahrscheinlich nicht weniger gehaltvoll und gelungen als alles andere, was ich gemacht habe."

Es ist keineswegs überraschend, daß er, entgegen seinen Befürchtungen, in seinem ersten Jahr in Yale gut abschnitt. So gut, daß einige Lehrer ihn nach Abschluß des Semesters im Juni 1952 dazu ermutigten, den Sommer über nach New York zu gehen und dort sein Glück zu versuchen. Wenn es dort nicht klappen würde, könnte er im Herbst nach Yale zurückkehren. Newman fand eine Wohnung für seine Familie auf Staten Island für 60 Dollar im Monat, verkaufte Lexika, um seinen Lebensunterhalt bestreiten zu können (in Yale hatte er damit einmal 1.200 Dollar in zehn Tagen verdient), und klapperte die Casting-Agenturen ab.

Natürlich hatte er Glück. Newman hat immer Glück. So wie er es darstellt, wohnt die Glücksfee praktisch bei ihm zu Hause. Ohne größere Anstrengung kam er an ein paar kleine Fernsehrollen und an eine Rolle in der Comedy-Serie *The Aldrich Family*, die ihm 200 Dollar im Monat einbrachte. Also blieb er. In den frühen Fünfzigern war er regelmäßig in Fernsehshows zu sehen, darunter in der Geschichtsserie *You Are There*, in der historische Ereignisse nachgestellt und live gesendet wurden. Er verkörperte Sokrates, Aristoteles, Julius Cäsar und Nathan Hale, den Patrioten des Amerikanischen Unabhängigkeitskrieges.

Wen sonst sollte er mit einem solchen Aussehen spielen? Im Laufe der Zeit ist er mit Würde gealtert, und heute gleicht sein Gesicht einer feinen Radierung, wie wir sie von den Köpfen auf Briefmarken kennen. Aber als junger Mann erinnerte sein Gesicht eher an das Bildnis auf einer antiken Münze. Mit seinen wie gemeißelten Zügen sah er aus wie ein griechischer Gott. Einigen Leuten erschien dieses gute Aussehen unnatürlich. Jahrelang hat es Gerüchte über plastische Chirurgie gegeben, oder über spezielle Augentropfen, die er angeblich aus Schweden einfliegen lasse, um das Blau seiner Augen zu verstärken. Beides, sagt er, ist falsch. Ab und zu taucht er sein Gesicht in ein Becken mit Eiswasser, wenn er schlecht geschlafen hat (was auch am Anfang von *Ein Fall für Harper* und in *Der Clou* zu sehen ist). Aber wenn das alles wäre, was für ein göttliches

Newman als Privatdetektiv Lew Harper, nachdem er sein Gesicht gerade in ein Becken mit Eiswasser getaucht hat, um wach zu werden – eine Methode, die auch Newman anwendet, wenn er schlecht geschlafen hat.

Aussehen nötig ist, dann wäre die Welt voller Adonisse. „Newmans Glück" ist in diesem Fall seine genetische Veranlagung; hinzu kommt einmal täglich Sauna, zahllose Liegestütze und jede Menge Krafttraining.

Als Schauspieler mußte er in sein Aussehen erst hineinwachsen. Das lernte er, als er in einem Stück am Broadway spielte, wo es um sexuelles Verlangen und sexuelle Anziehungskraft ging. Ende 1952 – er hatte noch etwa 250 Dollar auf der Bank, und Jackie war mit dem zweiten Kind schwanger – hatten seine Geldsorgen ein für allemal ein Ende. In William Inges mit dem Pulitzer-Preis gekrönten Theaterstück *Picknick* bekam er die Rolle des gutmütigen reichen Schwächlings Alan Seymour, der sein Mädchen an einen ungemein attraktiven Freund verliert. Für 150 Dollar die Woche stand er darüber

Leute mit weniger Glück als Newman. Eine Freundin von ihm hatte das erste Vorsprechen erfolgreich bestanden und war nun zur zweiten Prüfung eingeladen. Da ihr Partner für die Szene gerade nicht in der Stadt war, bat sie Paul, ihn zu vertreten. Wer auch immer das Verfahren beaufsichtigte, muß angenommen haben, daß es auch Newmans zweites Vorsprechen war, denn wenig später wurde ihm in einem Brief mitgeteilt, daß er aufgenommen sei. Obwohl er das Gefühl hatte, daß „sie meine Angst beim Vorsprechen – denn die hatte ich – mit gespielter Emotion verwechselt haben", erhob Newman keinerlei Einwände.

Das Actors Studio war Mitte der fünfziger Jahre ein Ort voller Lebensfreude. Es war der Garten, in dem die amerikanische Schauspielerei der Nachkriegszeit blühte. Neben Strasberg lehrten im Studio auch Elia Kazan, der später Newmans Regisseur in der Bühnenfassung von *Süßer Vogel Jugend* werden sollte, und Martin Ritt, der bei sechs seiner Filme Regie führen sollte und ein enger Freund von ihm wurde. Zu seinen Mitschülern gehörten Marlon Brando, James Dean, Julie Harris, Karl Malden, Geraldine Page, Kim Stanley, Maureen Stapleton, Rod Steiger, Eli Wallach und – Joanne Woodward. Umgeben von all diesen Talenten kam Newman sich wie ein „ungestimmtes Klavier" vor, das erst einmal auf Vordermann gebracht werden mußte. „Mann, ich saß nur herum und beobachtete, was die anderen taten. Zum Glück war ich vernünftig genug, meine große Klappe nicht aufzureißen." Außerhalb des Studios kam er jedoch mit seinen Mitschülern gut aus. Mit Kim Stanley trat er in *Picknick* auf. Später spielte er mit Karl Malden am Broadway in dem Theaterstück *An einem Tag wie jeder andere* und mit Geraldine Page sowohl in der Bühnenfassung als auch in der Filmversion von *Süßer Vogel Jugend*. Brando oder Dean kannte er kaum, obwohl er zu seinem Leidwesen jahrelang mit dem einen oder dem anderen verwechselt wurde. Rudy Bond, ein weiterer Mitschüler aus dem Actors Studio, erinnert sich, wie er in den frühen Fünfzigern mit Newman die Straße entlangspazierte und ihn dazu bringen wollte, seine Zukunft realistisch zu sehen. „Ich glaube nicht, daß du im Filmgeschäft

Die Warner Brothers (von links nach rechts): Jack, Harry und Albert um 1947. Sie waren die Pioniere des Tonfilms. Mit *The Jazz Singer* brachten sie den ersten Tonfilm heraus.

eine Chance hast, weil du aussiehst wie Brando", sagte er. „Was meinst du, wer dich engagieren wird?"

Fast jeder. Filmstudios hatten sein Aussehen und sein Talent bemerkt und machten ihm Angebote. Da er aber befürchtete, von Hollywoods unersättlichem Hunger nach neuen Talenten verschlungen zu werden, lehnte Newman die ersten Angebote ab. Die Leute erschienen ihm dreist und ungehobelt, und der totale Verlust der Unabhängigkeit, den ein Vertrag mit sich brachte, beunruhigte ihn. Doch dann überlegte er: Wie oft kann man Angebote wohl ablehnen, bevor sie ganz ausbleiben? Schließlich nahm er ein Angebot für einen Fünf-Jahres-Vertrag bei Warner Brothers mit einer Anfangsgage von 1.000 Dollar die Woche an. Und so ging er am Ende der Spielzeit von *Picknick* im Frühjahr 1954 nicht wie geplant mit dem Stück auf Tournee, sondern zog nach Los Angeles. Seine Familie ließ er zurück, weil er erst einmal die Lage sondieren wollte.

Der Standardvertrag, den er am 8. April 1954 bei Warner Brothers Pictures, Inc. unterschrieb, ließ ihm annähernd den gleichen Spielraum wie einem Leibeigenen aus dem 17. Jahrhundert, versprach allerdings eine bessere Bezahlung. Seine wöchentliche Gage sollte sich in den nächsten vier Jahren einmal jährlich um 250 Dollar erhöhen, im fünften Jahr um 500 Dollar, also von 2.000 auf 2.500 Dollar. Zwei Filme mit einer Mindestbezahlung von zehn Wochengagen und die Option auf einen dritten wurden ihm garantiert, dazu seine Erwähnung an erster Stelle, sowohl im Vor- und Nachspann wie auch bei Werbemaßnahmen und in Presseveröffentlichungen. Dafür gab Newman so ziemlich alles auf außer seinem Schatten. Er verpflichtete sich, in jedem Film zu spielen, den sie ihm zuwiesen, und trat „alle Rechte, das Recht auf die Verwendung von Namen, Stimme, Erscheinungsbild, Darstellungen, Posen, Spiel, Auftritten etc. eingeschlossen" an Warner Brothers ab. Allerdings enthielt der Vertrag auch eine Klausel, die es ihm immerhin erlaubte, sich jedes Jahr für einen Zeitraum von bis zu neun Monaten in New York aufzuhalten, um in einer „erstklassigen Bühnenproduktion" mitzuwirken, wie es wörtlich hieß. Der Vertrag wurde für die Zeit seiner Abwesenheit ausgesetzt, und bei der Erneuerung des Vertrages rechnete man die entsprechende Zeitspanne wieder mit ein.

Newman hatte kaum angefangen, als er sich bereits fragte, was er da eigentlich tat. Der Präsident der Gesellschaft, Sam Spiegel, der seinen Namen selbst einmal in S. P. Eagle umgeändert hatte, versuchte Newman zu überreden, auch aus seinem Namen etwas „Amerikanischeres" – oder besser gesagt: weniger Jüdisches – zu machen. Newman ließ sich darauf nicht ein. Als Spiegel ihm weismachen wollte, daß „Newman" nicht besonders klangvoll sei, erwiderte er achselzuckend, na gut, dann werde er sich eben in S. P. Newman umbenennen.

Nachdem die Sache mit seinem Namen geklärt war, kam die Frage auf, wie sein erster Film aussehen sollte. Wenn man die Antwort kennt, dann kann eigentlich nur Newmans sprichwörtliches Glück als Erklärung dafür dienen, daß es danach noch weitere Filme mit ihm gab.

Aufstieg zum Star

Warner Brothers hatten außer Newman noch einen anderen aufgehenden Stern am Schauspielerhimmel unter Vertrag genommen, und diese beiden standen für Regisseur Elia Kazan am Ende zur Auswahl für die junge männliche Hauptrolle in seinem nächsten Film. Nach den Probeaufnahmen entschied er sich schließlich für James Dean: Der bekam die Rolle des Cal Trask in der Filmadaptation von John Steinbecks Jenseits von Eden. *Der zweite Preis wäre fast einer „Reise ohne Rückfahrkarte" gleichgekommen. Newman wurde für* Der silberne Kelch *verpflichtet, einen burlesken religiösen Kostümfilm nach Thomas B. Costains Novelle über den Heiligen Gral. Produzent und Regisseur war Victor Saville. Beide Filme wurden zur gleichen Zeit auf dem Warner-Gelände gedreht.*

LINKS
In *Der Wildeste unter Tausend* (1962). Als Newman 1953 am Broadway den Hauptdarsteller in *Picknick* vertrat, fragte er Regisseur Joshua Logan, ob er die Rolle auch auf der Tournee spielen könne. Logan erwiderte: „Du bringst einfach keine sexuelle Bedrohung rüber." Zehn Jahre später war er als Hud Bannon die sexuelle Bedrohung in Person.

RECHTS
Newman kann umwerfend gut aussehen oder verdorben, mit einem Hauch von Verletzlichkeit – oder beides gleichzeitig.

Zwei gegensätzlichere Leinwanddebüts kann man sich wohl kaum vorstellen: hier Deans kometenhafter Aufstieg zum Filmstar, Identifikationsfigur für die gesamte mißverstandene Jugend – dort Newman, eingehüllt in einen Kokon aus Warnercolor und Cinemascope, in einer Zeitkapsel 2000 Jahre zurück in die Vergangenheit unterwegs. Was es noch schlimmer machte, war, daß er zusammen mit Pier Angeli, Deans großer Liebe, spielen sollte. Wie sich herausstellen sollte, gab es in den folgenden Jahren immer wieder Berührungspunkte zwischen Deans und Newmans Karriere. So machte Joanne Woodward beispielsweise auch Probeaufnahmen für *Jenseits von Eden*. Die erotisch aufgeladene Szene mit Dean, in der sie ein verwirrtes, ernstes Mädchen spielt, das Gut und Böse auseinanderzuhalten versucht, gibt einen guten Vorgeschmack auf das, was hätte passieren können.

Obwohl er ihn nicht gut kannte, war Newman ein großer Bewunderer Deans und beneidete ihn sogar um seine Art, sich eine Rolle anzueignen. Ebenso erging es ihm mit Brando, Kim Stanley, Geraldine Page, Eli Wallach und Anne Jackson, „beinahe allen Leuten, die ich kannte und die instinktive Schauspieler waren. Genau so wie ein Techniker John McEnroe bewundern würde."

Es gibt eine Probeaufnahme bei Warner Brothers, die die beiden im Mai 1954 zusammen machten, die nicht nur als solche interessant ist, sondern auch weil sie zeigt, wieviel Spaß das Gespann dabei hatte. Newman trägt ein helles Hemd mit Fliege und sieht wie ein „Vorstadt-Casanova" aus; Deans Hemd ist dunkel und steht offen, und er strahlt etwas Wildes aus. Beide stehen nebeneinander. Eine Stimme aus dem Off, wahrscheinlich die von Kazan, sagt: „Na dann macht mal, Mädels."

Beide lachen, und Newman sagt schnell: „Was? Was? Was? Was?" Sie bekommen die Anweisung, sich erst im Profil zu zeigen und dann wieder die Gesichter in der Frontalansicht. Newmans Gesicht ist oval, Deans wie ein umgekehrtes Dreieck, sein langes Haar ist zurückgekämmt, seine Wangen verjüngen sich zur flachen Kieferpartie. Beide haben eine faszinierende Ausstrahlung. Beide sind Jungs aus dem Mittleren Westen, die versuchen, weltgewandt zu wirken. Der eine wie der andere hätte einen guten Cal Trask abgegeben. Aber beim Film sind Image und Aussehen fast alles. Und Dean, der in einer Kleinstadt in Indiana aufgewachsen war, brachte eher das Fluidum eines Jungen vom Lande mit als Newman, dem man anmerkte, daß er aus einer Vorstadt stammt.

„Meinst du, du könntest die Backfisch-Liga aufmischen?", wird Dean gefragt.

„Kommt ganz darauf an, wie viele antreten wollen", antwortet er mit einem coolen Grinsen und spielt dabei mit einem Taschenmesser in seiner rechten Hand.

„Meinst du, die Mädchen werden auf Paul abfahren, Jim?"

Noch ehe Dean den Mund aufmachen kann, fällt Newman ihm mit betont männlicher Stimme ins Wort: „Der springende Punkt ist doch wohl, ob ich auf die Mädchen abfahre." Beide lachen.

Newman in seinem „Cocktailkleid", Brando zum Verwechseln ähnlich, in seinem ersten Film *Der silberne Kelch* (1954). Später veröffentlichte er eine Anzeige in der *Los Angeles Times*, in der er sich für den Film entschuldigt und die Zuschauer auffordert, sich den Film nicht im Fernsehen anzuschauen.

„Paul, meinst du, die Mädchen werden auf Jim abfahren?"

„Oh, und wie", antwortet er und kichert, obwohl er es durchaus so meint. Dean schaut Newman an. „Küß mich", sagt er feierlich.

„Doch nicht hier", entgegnet Newman wie aus der Pistole geschossen, und beide brechen in Gelächter aus.

Auch wenn die Probeaufnahmen nahelegen, daß Newman und Dean eng befreundet waren, und die Meinung weit verbreitet war, sie würden in Los Angeles viel Zeit miteinander verbringen, so kannten sie sich doch kaum. Das gleiche gilt für Newmans Beziehung zu Brando. Newman wies darauf hin, daß die Behauptungen, „Brando, Dean und ich seien gute Freunde, einfach erfunden sind. Mit Marlon habe ich in vierzig Jahren vielleicht zwölfmal gesprochen, und Jimmy habe ich kurz im Studio gesehen und ein paarmal, als er *Jenseits von Eden* in Kalifornien drehte. Aber eine große Freundschaft war es bestimmt nicht. Beide waren eher flüchtige Bekannte."

Newman wünschte sich zunehmend, die Bekanntschaft mit dem *Silbernen Kelch* ungeschehen machen zu können. Er spielt darin den griechischen Sklaven Wassili, der eine Kopie des Silberbechers aus dem Letzten Abendmahl anfertigt. Newman trug eine kurze Toga – er nannte sie „ein Cocktailkleid" –, und seine knochigen Beine waren ihm dermaßen peinlich, daß er es vermied, in die Kamera zu schauen, wie er später mit

LINKS
Regisseur Elia Kazan mit einigen von Newmans beliebtesten Zeitgenossen in den frühen fünfziger Jahren: Marlon Brando (der hier wie Newman aussieht), Julie Harris und James Dean. Wahrscheinlich um 1954, als *Jenseits von Eden* gedreht wurde.

OBEN
Ein Porträt des Künstlers als junger Mann um 1954, den Warner Brothers weder zu ihren noch zu seinen Gunsten einzusetzen wußten.

einiger Heiterkeit berichtet. Kein Wunder bei Texten wie „Helena, bist du es wirklich? Welche Freude!“ Von dem Ergebnis war er ebenso entsetzt wie viele Kritiker, die sowohl ihn als auch den Film verrissen (der immerhin 4.500.000 Dollar einspielte, eine beachtliche Summe für die damalige Zeit). A. H. Weiler schrieb in der *New York Times*, daß Newman „verblüffend an Marlon Brando erinnert. Sein Beitrag ist aber keineswegs überwältigend. Als junger Mann von seinem habgierigen Onkel um sein reiches Erbe betrogen, in die Sklaverei verkauft und schließlich dazu auserwählt, die heilige Reliquie neu zu schaffen, beschränkt er sich auf gedankenverlorene Posen und eine mechanische Sprechweise. Und obwohl er von der außerordentlich bezaubernden Helena (Virginia Mayo) und der schmachtenden Deborra (Pier Angeli), seiner Frau, begehrt wird, reagiert er wie ein Klotz auf diese ausgesprochen verführerischen Frauenzimmer.“ Im *New Yorker* schrieb John McCarter eher kurz und bündig: „Newman deklamierte seine Texte mit der gleichen Leidenschaft, mit der ein Schaffner im Bezirk Putnam die Haltestellen ansagt.“

Newman war „entsetzt, erschüttert“, als er *Der silberne Kelch* zum ersten Mal sah. Außerdem war er, wie er zugibt, betrunken. *An einem Tag wie jeder andere* hatte gerade einen Probelauf in Philadelphia vor der Aufführung am Broadway, und ein Freund war aus New York gekommen, um Newman in der Show zu sehen. Danach gingen sie mit einigen anderen in eine Nachtvorstellung, um sich *Der silberne Kelch* anzusehen. Newman, ein Liebhaber von Bier und selbstgemachtem Popcorn, hatte die Angewohnheit, das eine oder andere oder auch beides ins Kino mitzunehmen. An diesem Abend war es nicht anders. „Wir müssen vier Kästen Bier da reingeschmuggelt haben“, erzählt er. „Und wir haben sie alle leer gemacht. Dieser Freund von mir hatte sich gerade von einer Hepatitis erholt und konnte deshalb nicht trinken. Nach dem Film gab es noch ein Musical, das er sich ansehen wollte, also blieb er da. Wir anderen waren schon einen halben Block weiter, als einer von uns bemerkte, daß er seine Handschuhe im Kino vergessen hatte. Also gingen wir wieder zurück. Der Platzanweiser leuchtete mit seiner Taschenlampe unter die Sitze. Und da saß mein Freund zwischen vier Kästen mit leeren Bierflaschen.“ Newman und seine Freunde haben sich gebogen vor Lachen.

1963, kurz bevor der Film in Los Angeles eine Woche lang im Fernsehen lief, gab Newman für 1.200 Dollar eine schwarzumrandete Anzeige in der Los Angeles Times mit folgendem Text auf: „Paul Newman bittet an jedem Abend in dieser Woche um Entschuldigung.“ Zu seinem Verdruß sahen sich dadurch nur noch Tausende mehr dazu veranlaßt, einzuschalten, um herauszufinden, wofür er sich wohl entschuldigen wollte. „Ein klassisches Beispiel für die Arroganz der Wohlstandsgesellschaft“, sagte er ein paar Jahre später. (Es geht das Gerücht, daß Newman um 1980 den Film *Der silberne Kelch* zu Hause in Connecticut einigen Freunden gezeigt hat. Jeder bekam dazu einen Blechtopf und einen Holzlöffel in die Hand. Aber dieser Dämon ließ sich nicht so leicht austreiben. „Bei der ersten Filmspule hat es noch Spaß gemacht", meinte er später, „aber dann war es nur noch entsetzlich." Dazu befragt, erklärte er im nachhinein, das Ganze habe sich wirklich so abgespielt, aber der Film sei *Bedtime for Bonzo* mit Ronald Reagan gewesen.)

„Ich glaube, ich bin meinen eigenen Erwartungen nicht gerecht geworden", sagte er mit einer gewissen Untertreibung in der *New York Times* über *Der silberne Kelch*, ein paar Jahre nach dem Kinostart. „Er hat aber eins bewirkt: Ich habe mir geschworen, daß ich nie wieder einen Kostümfilm mache. Das ist etwas für Schauspieler wie Robert Taylor, aber nicht für mich." Außerdem habe er gelernt, „daß man die Hosen runterlassen muß, wenn man überleben will. Man kann nicht einfach hereinstolziert kommen und auf Nummer Sicher gehen."

Newman als psychopathischer Killer Glenn Griffin in der Broadway-Produktion *An einem Tag wie jeder andere* (1955), mit Karl Malden und Nancy Coleman.

Der silberne Kelch war Newmans erster wirklicher Mißerfolg als Schauspieler, und im Rückblick scheint der Schaden eher psychologischer als tatsächlicher Natur gewesen zu sein – was natürlich ebenso lähmend sein kann. Um über diese Katastrophe hinwegzukommen und seine Befürchtungen, wie sich das auf seine zukünftige Karriere auswirken könnte, zu zerstreuen, nutzte er die Klausel in seinem Vertrag, die ihm Theaterauftritte zubilligte. Er kehrte an den Broadway zurück, bevor Warner Brothers ihn für einen weiteren Film verpflichten oder ihn an ein anderes Studio ausleihen konnten. Am 10. Februar 1955 hatte er mit Joseph Hayes' Melodrama *An einem Tag wie jeder andere* unter der Regie von Robert Montgomery am Ethel Barrymore Theater Premiere. Diesmal ging er nicht auf Nummer Sicher. In einer Rolle, die später mit Humphrey Bogart verfilmt wurde, spielt Newman Glenn Griffin, einen psychopathischen Mörder und Anführer von drei aus dem Gefängnis ausgebrochenen Sträflingen, die im Haus einer ehrbaren, gesetzestreuen Familie Zuflucht suchen, während sie darauf warten, daß einer ihrer Komplizen ihnen Geld für die Flucht schickt. Karl Malden, Newmans Mitschüler im Actors Studio, spielt Dan Hilliard, den Vater. Brooks Atkinson nannte das Stück einen „literarischen Thriller ... temporeich, sparsam und präzise erzählt ... [der] an den Nerven zerrt." Er pries Hayes als „echten Schriftsteller ... am Innenleben seiner Figuren interessiert" und sagte weiter: „Newman spielt den Oberschurken mit einer Wildheit, die man respektieren muß." (In der Einleitung schrieb Atkinson: „Es ist eine Räuber-und-Gendarm-Geschichte von Joseph Hayes, die er ursprünglich in Form einer Kurzgeschichte vorgelegt hat. Es gibt auch einen Film, der allerdings erst im nächsten Jahr herauskommen wird. Und heute in zehn Jahren wird ein Musical mit Blechbläser-Orchester und einem symbolischen Ballett daraus werden.")

New York war damals der Mittelpunkt des Fernsehens, und Theaterschauspieler waren ideal für dieses Medium, da die Sendungen live und die Bedingungen die gleichen wie bei einer Show auf der Bühne waren, nur fanden die Auftritte vor einem riesigen, wenn auch unsichtbaren Publikum statt. Newman war äußerst gefragt. Er drehte ein paar Episoden für die CBS-Show *Appointment with Adventure*, spielte mit Eva Marie Saint und Frank Sinatra in der Musical-Version von Thornton Wilders *Our Town* für *Producer's Showcase* auf NBC und übernahm die Hauptrolle in *The Death of Billy the Kid*, produziert vom *Philco Television Playhouse* für den gleichen Sender, nach einem Drehbuch von Gore Vidal, der später ein guter Freund von Newman und Joanne Woodward wurde. Auch in der Filmadaptation, *Einer muß dran glauben*, sollte Newman im Jahre 1958 die Hauptrolle spielen.

1956 trat Newman in der *U.S. Steel Hour* in einer Fernsehfassung von Mark Harris' Roman *Bang the Drum Slowly* auf, neben *Marty* eine der meistbeachteten TV-Produktionen jener Zeit. Es ist die Geschichte eines zweitklassigen Baseball-Catchers, der unsinnigerweise fest entschlossen ist, seine Krebserkrankung vor der Mannschaft zu verheimlichen. Sein Geheimnis vertraut er nur Henry Wiggen an, einem Spitzen-Catcher, der von Newman gespielt wird. Im Buch sind Spielfelder und Hotels im ganzen Land die Schauplätze der Handlung, aber für das Fernsehen wurde das Ganze in einer wunderbar komprimierten Fassung von nur 48 Minuten auf einer einzigen Studiobühne live gespielt. Die Zeit zwischen den Szenen, in der die Schauspieler im Blackout von einem Schauplatz zum nächsten wechseln, mußte überbrückt werden. Da man keinen Werbespot schalten wollte, verfiel man auf die Idee, den Scheinwerfer auf den Erzähler, Newman, zu richten, der das Publikum rückblickend durch die Stationen im Leben und Sterben seines Freundes führte. „Im Studio hier ist nicht viel Platz", kündigte er dem Publikum vor Beginn der Sendung an. „Sie müssen Ihre Phantasie einsetzen."

Dieser verführerische kleine Satz fängt den ganzen Zauber des Live-Fernsehens ein. Es brachte die Unmittelbarkeit, die man im Theater spürt, in Millionen Wohnzimmer und konfrontierte die Schauspieler mit allen Problemen einer Darbietung, die ohne Unterbrechungen auskommen muß. „Einmal – in einem Fernsehspiel, das in der Welt des Militärs spielte –, als ich vor einem anderen Offizier salutieren mußte ... war mein Reißverschluß offen", erinnerte sich Newman vor ein paar Jahren. „Mein Hemdzipfel schaute heraus – glücklicherweise nur der Hemdzipfel. Doch trotz des großen Risikos waren die Fernsehstücke damals aufregend und spannend, weil sie live waren ... Das Problem dabei war ... was ein gutes Broadway-Stück hätte werden können, wurde an einem einzigen Abend in *Robert Montgomery Presents*, *The Philco Playhouse*, *Studio One* und wie sie alle hießen verbraten. Diese ganze Glanzzeit des Fernsehens ist jetzt verschwunden, und nichts konnte sie bisher ersetzen."

Stattdessen, erklärte er, habe das Fernsehen „mit seinem gewaltigen Appetit den Niedergang von Talent und Phantasie beschleunigt. Und damit hängt auch zusammen, daß man versuchte, immer nur den kleinsten gemeinsamen Nenner hinsichtlich der ursprünglichen Planung und dem späteren Produkt zu finden. Und der kleinste gemeinsame Nenner wird immer niedriger angesetzt", fügt er lachend hinzu, „so lange, bis wirklich keiner mehr weiß, wo der kleinste gemeinsame Nenner heute überhaupt ist."

Darum bemüht, die Bandbreite seiner Rollen zu erweitern, nahm Newman, mittlerweile dreißig Jahre alt, die Rolle eines völlig fertigen, abgehalfterten fünfundfünfzigjährigen Boxers in der Fernsehadaptation von Hemingways Kurzgeschichte *Der Kämpfer* an, die im Oktober 1955 auf NBC in *Playwright's '56* ausgestrahlt wurde. Die Rolle sollte ursprünglich von James Dean gespielt werden mit Newman in der Rolle des Nick Adams, der dem alten Kämpfer begegnet und die ganze Geschichte erzählt. Newman hatte sich schon auf die Arbeit mit Dean gefreut. Aber nach Deans Tod am 30. September, als der erst Vierundzwanzigjährige in seinem Porsche mit über 150 Stundenkilometern auf der Autobahn verunglückt war, wollte er mit dem Projekt nichts mehr zu tun haben, denn, so sagte er, „ich wollte nicht von dieser Tragödie profitieren." Der Sendetermin stand aber so kurz bevor, daß der Regisseur Newman ein paar Tage später bat, es sich noch einmal zu überlegen, da er in der kurzen Zeit unmöglich einen passenden Ersatz finden konnte. Newman war nicht der einzige, der Zweifel hatte, was die Sendung betraf. A. E. Hotchner, Autor des Fernsehspiels und Hemingway-Biograph, schrieb an Hemingway, daß „wir uns gezwungen sahen, das Risiko einzugehen und dem jungen Newman die Hauptrolle zu geben." Doch es zahlt sich manchmal aus, ein Risiko einzugehen. Newman machte seine Sache sehr gut, und Hotchner wurde sowohl einer seiner engsten Freunde als auch sein Partner bei dem sagenhaft erfolgreichen Unternehmen Newman's Own. (1961 spielte Newman die Rolle noch einmal, diesmal bei Twentieth Century-Fox in dem Film *Hemingways Abenteuer eines jungen Mannes*, weil er wissen wollte, was er in der Zwischenzeit als Schauspieler dazugelernt hatte. Es war eine Enttäuschung. „Ich versuchte, dasselbe zu tun wie in dem Fernsehspiel", sagte er, „und das war nicht der richtige Einstieg.") Seine versierte Darstellung des Boxers im Fernsehen beeindruckte Regisseur Robert Wise und Produzent Charles Schnee, die beide gerade auf der Suche nach einem Ersatz für James Dean für ein anderes Projekt waren. So baten sie MGM, Newman bei Warner Brothers für die Rolle des Mittelgewichts-Boxchampions Rocky Graziano in *Die Hölle ist in mir* auszuleihen.

„Der Schauspieler muß sich der Rolle nähern; die Rolle wird sich nicht dem Schauspieler nähern", hat Newman einmal gesagt. Er hat sich der Rolle des Rocky Graziano durch unzählige Stunden in der Sporthalle und Training mit professionellen Sparring-Partnern genähert, um *Die Hölle ist in mir* so realistisch wie möglich zu gestalten.

Zu jener Zeit verbrachte Newman Wochen mit der Vorbereitung auf eine Rolle, um so viel wie möglich über den Charakter der Figur herauszufinden und richtig in ihre Haut schlüpfen zu können. „Der Schauspieler muß sich der Rolle nähern; die Rolle wird sich nicht dem Schauspieler nähern", hat Newman einmal gesagt. Die Rolle des Rocky Graziano erarbeitete er sich mit der für ihn charakteristischen Gründlichkeit. So verbrachte er unzählige Stunden in der Sporthalle, um sich die Figur eines Boxers anzutrainieren, und probte sogar mit professionellen Sparring-Partnern, um sich die entsprechenden Boxtechniken anzueignen. Mehr noch: „Für zwei Wochen war ich quasi Tag und Nacht mit Graziano zusammen. Ich kam vormittags um zehn und blieb bis um vier Uhr morgens bei ihm. Wir gingen rüber zu seinem alten Viertel und besuchten das Stillman's Gymnasium [in der 54. Straße West, zu jener Zeit das Allerheiligste dieses Sports]. Aber ich merkte, daß er nicht über seine Familie reden wollte. So versuchten Bob Wise … und ich eines Abends, Rocky besoffen zu machen, damit er gelöster werden und uns über sich erzählen würde. Tatsache ist, daß Rocky *uns* dazu brachte, daß wir locker wurden. Wir haben ihm *unsere* Lebensgeschichten erzählt. Dann verfrachtete er uns ins Taxi … Ich habe mir seine Persönlichkeit nie richtig zu eigen gemacht, obwohl ich mit Sicherheit eine Menge in mich aufgesogen hatte. Ich wurde zwar Graziano, aber nicht *der* Graziano."

An diesem Punkt seiner Laufbahn befand sich Newman in einer ziemlich unmöglichen Lage. Er bekam Rollen, die eigentlich Dean zugedacht waren – der nach seinem Tod in den Himmel gehoben wurde , und bei den ständigen Vergleichen mit Dean oder Brando oder mit beiden schnitt Newman immer schlecht ab. So erhielt er für seine Darstellung in *Die Hölle ist in mir* zwar großen Beifall, aber viele Kritiker schwächten dieses Lob ab, indem sie ihn wegen seiner schlurfenden Bewegungen und seiner nachlässigen, unartikulierten Aussprache als „Brando-Imitation" bezeichneten. „Mister Newman … spielt die Rolle des Graziano gut – den Boxer könnte man fast für Marlon Brando halten", hieß es in einer Besprechung. Aber Jahre danach merkte Newman während einer Unterhaltung mit Graziano, daß es wirklich die Frage war, wer hier wohl wen imitiert hatte.

Newman erinnert sich: „[Graziano] erzählte mir auf seine unnachahmliche Weise: ‚Ich war so am Trainieren, hab' echt hart gearbeitet, und da stand dieser komische, eigenartige Typ rum. Er hat sich hingesetzt und geguckt, verstehen Sie? Schließlich sag' ich: ‚Was machst du hier, Junge?' Und er sagt: ‚Ich möchte gern, daß Sie sich ein Stück mit mir ansehen.‘ Ich sag’: ‚Was meinst du damit, etwa ein Theaterstück? Ich will kein verdammtes Theaterstück sehen! Wozu soll ich mir ein verdammtes Theaterstück ansehen?‘ Das war Rockys Art zu reden, verstehen Sie? Ich glaube, *daher* stammte mein fürchterliches Vokabular. Und Rocky fragte: ‚Also, Junge, singst du oder was?‘ Sagt er: ‚Nein.‘ Ich dachte mir, der Junge ist bestimmt ’n Speerträger oder so was. Jedenfalls gibt mir der Junge zwei Karten, und wie ich das meiner Frau erzähle, sagt sie: ‚Oh, das Stück ist ganz gut.‘ Also gehen wir hin, und es ist irgendwas mit Endstation oder so, von diesem berühmten Autor geschrieben. Und ich seh’ diesen Jungen auf der Bühne, und ich sag’: ‚Der Junge spielt ja mich!‘ Nun, das zu dem Vergleich mit Brando. Scheint, als hätten wir beide dasselbe Vorbild. Marlon spielte seinen Part früher, in dem Film *Endstation Sehnsucht*, der schon herausgekommen war, bevor ich Rocky gespielt habe. So gesehen hatten die Kritiker also recht.“

Zu jener Zeit kursierte ein Witz, in dem ein Junge zu Newman hingeht und ihn um ein Autogramm bittet. Dieser gibt es ihm.

„Ach, *Paul Newman*“, sagt der Junge ein wenig überrascht. Nach einer kurzen Pause fragt er: „Kann ich noch eins haben?“

„Ist gut“, sagt Newman und unterschreibt noch einmal. Als der Junge schon weitergeht, ruft Newman ihm hinterher: „Warte, was willst du denn mit zweien?“

„Die kann ich für eins von Marlon Brando eintauschen“, antwortet er achselzuckend.

Doch zu der Zeit hatte Newman ernstere Probleme als die Frage, ob er nun Marlon Brando oder Jimmy Dean imitierte. Bei allem Erfolg in seinem Beruf hatte sich sein Verhältnis zu seiner Frau Jackie weiter verschlechtert. 1955 war ihre zweite Tochter Stephanie geboren worden, und er war jetzt Vater von drei kleinen Kindern, die eine enorme Verantwortung bedeuteten. Was die bereits schwierige Verbindung noch komplizierter machte, war die fast unvermeidliche Entwicklung seiner Beziehung mit Joanne Woodward. Die Wertvorstellungen seiner Kindheit ließen ihn vor dem Gedanken an Scheidung und den Problemen zurückschrecken, die damit verbunden sind, besonders für die Kinder. Überdies kannte Woodward diese Probleme aus eigener Erfahrung durch die Scheidung ihrer Eltern, die lange Trennungen von ihrem Vater (einem stellvertretenden Geschäftsführer des Scribner Verlags) nach sich gezogen hatte. Also beschlossen sie, sich nicht mehr zu sehen.

Newman suchte vorübergehend Erlösung von seiner inneren Unruhe im Alkohol, bestenfalls ein schwacher Trost. Kurz nach der Fertigstellung von *Die Hölle ist in mir* wurde er im Juli 1956 festgenommen, nachdem die Polizei ihn angehalten hatte, als er mit seinem neuen Volkswagen durch die Sträucher vor dem Restaurant Jolly Fisherman auf der Main Street in Roslyn, Long Island gefahren war, nicht weit von seinem Haus in Fresh Meadows entfernt. Er erzählte, nachdem er das Restaurant verlassen habe, habe er einen Hydranten verbeult und sei dann bei Rot über die Ampel gefahren. Als die Poli-

zei, die nach dem Vorfall vor dem Restaurant alarmiert worden war, ihn an die Seite winkte, fand Newman sie jedoch mit der Erklärung ab: „Ich spiele Rocky Graziano. Was wollen Sie?" Der Beamte Rocco (Rocky) Caggiano antwortete: „Ich heiße auch Rocky, und Sie sind wegen Fahrerflucht verhaftet."

Newman, in Anzug und Krawatte, wurde aufs Revier gebracht, mit Handschellen an einen bulligen Polizisten gefesselt. Das ergab natürlich ein schönes Bild in den New Yorker *Daily News* am nächsten Tag. Von Newmans Glück war diesmal nichts zu spüren – das Revier war voller Zeitungsreporter und Photographen, die auf weitere Neuigkeiten in einem Entführungsfall warteten und sich die Wartezeit nur allzu gern damit vertrieben, Photos und ausführliche Informationen über die Probleme eines Filmstars zu bekommen.

UNTEN
Die Zeit, in der Newman *Die Hölle ist in mir* (1956) drehte, war von persönlichem Kummer überschattet. So wurde er wegen Fahrerflucht verhaftet, nachdem er einen Feuerhydranten beschädigt hatte und dann bei Rot über die Ampel gefahren war. Die Photographen, die auf dem Revier auf Neuigkeiten in einem Entführungsfall warteten, hatten ihren großen Tag.

Filme kommen nicht immer in der gleichen Reihenfolge heraus, in der sie gedreht werden. Vor den Dreharbeiten von *Die Hölle ist in mir* hatte Newman die Hauptrolle in einem anderen Film übernommen, da der ursprünglich vorgesehene Hauptdarsteller plötzlich nicht mehr zur Verfügung stand. Glenn Ford war von *Anklage: Hochverrat* zurückgetreten, und im Oktober 1955 wurde Newman zu seiner damaligen Wochengage von 1.250 Dollar von Warner Brothers an Loew's ausgeliehen, um einen Offizier der amerikanischen Armee zu spielen, der wegen Kollaboration im Koreakrieg unter Anklage steht. In Rückblenden erleben die Zuschauer die Foltern, denen Captain Edward W. Hall jr. ausgesetzt war, und sehen ihn am Ende unter den Schmerzen und infolge der Gehirnwäsche zusammenbrechen. Stewart Sterns Leinwandadaptation eines Fernsehspiels von Rod Serling spiegelt deutlich die Zeit wider, in der sie entstanden ist, und ist nicht besonders aktuell. Sie offenbart dennoch Newmans Verletzlichkeit und Zähigkeit. Hier findet sich ein Held, der einerseits einsam und in sich zurückgezogen ist, andererseits aber auch seine Gefühle offen zeigt. Insbesondere die Szenen zwischen Walter Pidgeon als Vater und Newman als seinem Sohn und Namensvetter zeichnen ein eindrucksvolles Bild ihrer kaputten Beziehung.

LINKS
Zwischen zwei Szenen bei den Dreharbeiten von *Die Hölle ist in mir*. James Deans Freundin Pier Angeli spielte Norma, Grazianos große Liebe.

Während er noch *Anklage: Hochverrat* drehte, trafen Warner Brothers eine weitere Vereinbarung. Im Dezember 1955 unterschrieben sie eine Zusatzvereinbarung mit Loew's, diesmal für *Die Hölle ist in mir*, zu den üblichen Bedingungen von 1.250 Dollar Gage die Woche.

Um maximalen Profit aus Newman zu ziehen, vereinbarten Warner Brothers, Newman werde sich „nach Abschluß aller erforderlichen Tätigkeiten im Zusammenhang mit *Anklage: Hochverrat* am darauffolgenden Tag für Kostümproben, Public Relations etc. bei Ihnen einfinden." Bis zum Beginn der Dreharbeiten erhielt er keine Bezahlung. Dafür wurde ihm aber zugesagt, daß er am 23. Dezember einen Flug erster Klasse nach New York bekomme, um seine Familie über Weihnachten besuchen zu können.

Anklage: Hochverrat sollte während der Dreharbeiten von *Die Hölle ist in mir* in den Verleih gehen. Diese Idee wurde jedoch bereits nach wenigen Vorführungen wieder verworfen, denn schon nach den ersten flüchtigen Eindrücken bei den Dreharbeiten von *Die Hölle ist in mir* waren sich die Studiobosse sicher, daß der fertige Film ein Riesenerfolg werden würde. Sie hatten vor, einen doppelten Gewinn herauszuschlagen, indem sie die landesweite Freigabe von *Anklage: Hochverrat* zurückstellten, in der Hoffnung, daß dieser Streifen vom Erfolg des Films *Die Hölle ist in mir* profitieren würde. Newman war nach seinem monatelangen Training in körperlicher Bestform, und das Studio war der Meinung, in ihm eine seltene Mischung gefunden zu haben: Sexsymbol und guter Schauspieler in einem.

Sie hatten nicht nur recht mit der Annahme, daß *Die Hölle ist in mir* ein Erfolg werden würde, sondern auch damit, daß ihr Sexsymbol ein guter Schauspieler war. Aber daß sie recht hatten, bedeutete noch lange nicht, daß sich auch die Kassen füllten. Nicht einmal die großartigen Kritiken, die *Anklage: Hochverrat* erhielt, konnten daran etwas ändern. Der Filmkritiker der *New York Times*, Bosley Crowther, nannte Newmans „brillante, eingehende Darstellung" eines Mannes, der sich in einem moralischem Zwiespalt befindet, eine „beachtliche Glanzleistung. Mit seiner Mimik, seinen Gesten, seinen Zäsuren und dem Einsatz seiner Stimme offenbart er in einer Filmfigur das Bild einer menschlichen Tragödie." Dennoch kam und ging der Film ohne größeres Aufsehen, wobei Newmans Ansehen als Schauspieler durch die Kritiken immer besser wurde. Newman glaubte zwar, daß der Film die Mühe wert war, aber er selbst war von seiner Schauspielkunst in *Anklage: Hochverrat* weniger beeindruckt. Der Film „hatte wirklich etwas zu sagen", meinte er, „aber keiner wollte ihn sehen. Ein gutes Beispiel dafür, daß ich zu bemüht war."

Dieser Abschnitt seiner Karriere ist auch ein gutes Beispiel dafür, wie ein Studio einen Schauspieler ausbeutet, anstatt ihn aufzubauen. Die Anordnung von Warner Brothers, Newman habe sich am Tag nach der Fertigstellung von *Anklage: Hochverrat* für die Arbeit an *Die Hölle ist in mir* zu melden, macht das Hauptanliegen des Studios offenbar: Ein Schauspieler, der so viel Gewinn bringt wie Newman, sollte so häufig wie möglich beschäftigt werden, ohne Rücksicht auf seine langfristige berufliche Entwicklung. Was Warner Brothers anging, so kamen und gingen die Schauspieler, aber Filme mußten in regelmäßigen Abständen herausgebracht werden. Newman stellte keine

Newmans Fähigkeit, Härte mit Verletzlichkeit zu verbinden, zeigt sich in seiner Darstellung des Captain Edward W. Hall jr. in *Anklage: Hochverrat* (1956), eines amerikanischen Soldaten, der von seinen Häschern einer Gehirnwäsche unterzogen und nach seiner Freilassung vor das Kriegsgericht gestellt wird.

Ausnahme dar; das gehörte zum Leben eines Vertragsschauspielers. Wenn Newmans verschiedene Rollen halfen, einen großen Star aus ihm zu machen, um so besser. Wenn sie ihn dagegen einfach nur auslaugten – nun, außer ihm gab es schließlich noch andere Schauspieler. Also schlugen Warner Brothers die für sie naheliegende Richtung ein und versuchten, aus Newman den herkömmlichen Filmhelden zu machen – was sich am Ende als Fehler erweisen sollte.

Er arbeitete zu jener Zeit fast ununterbrochen. 1957 spielte er die Hauptrolle in *Land ohne Männer*, einer Kriegsromanze nach James Micheners *Rückkehr ins Paradies*, wofür er die vertraglich vorgesehene Gage von 1.500 Dollar die Woche erhielt, Warner Brothers aber 2.500 Dollar wöchentliche Leihgebühr für ihn von MGM einstrichen. Unmittelbar davor hatte er *Ein Leben im Rausch* gedreht, in dem er endlich einmal wieder von Warner Brothers eingesetzt wurde, anstatt als Leihschauspieler für ein anderes Studio zu arbeiten. In diesem Film spielt Newman Larry Maddux, einen Gangster zur Zeit der Prohibition, der die Alkoholikerin und Kabarettsängerin Helen Morgan, gespielt von Ann Blyth, erst verführt und dann ausnutzt. Der Film war schon seit vielen Jahren in Arbeit; mindestens vierzig Schauspielerinnen hatten Probeaufnahmen für die Rolle gemacht. 1950 war angekündigt worden, daß Doris Day die Rolle spielen würde; auch Peggy Lee und Patty Page waren zeitweise im Gespräch gewesen.

In Großbritannien lief der Film unter dem Titel *Both Ends of the Candle*, aber auch dieser Titel konnte nicht darüber hinwegtäuschen, daß das Endprodukt nicht gerade berauschend war; Newman beschrieb es mit einem Wort: „Bähhh." Dennoch kommt die Überzeugungskraft, mit der er den Ganoven in *An einem Tag wie jeder andere* spielte, auch hier deutlich zum Ausdruck. James Powers schrieb dazu in *Variety*: „Paul Newman spielt den Gangster so hervorragend, daß es eher sein Film zu sein scheint als der Helen Morgans." Und die Foreign Press Association in Hollywood verlieh ihm einen Golden Globe als aussichtsreichstem Newcomer des Jahres.

Der allgemeine Eindruck verstärkte sich, daß man bei Newman, unabhängig vom Wert des gesamten Films, mit einer soliden schauspielerischen Leistung rechnen konnte, sei es in der Rolle eines jungen Soldaten, der einer Gehirnwäsche unterzogen wird, als käuflicher Gangster oder als brutaler Boxer, dessen starke Fäuste ihm eigentlich nur ein Leben im Gefängnis bescheren können, der sich aber Sieg und Ansehen erkämpft.

Newmans Erfolg fiel mit der Entstehung eines neuen Heldentypus im Film zusammen, der weniger leicht durchschaubar und uneindeutiger war. Die männlichen Stars der Zeit, als Newman nach Hollywood kam, waren ganze Kerle wie Humphrey Bogart und Robert Mitchum, verwegene Abenteurer wie Errol Flynn und Clark Gable, starke und wortkarge Typen wie Gary Cooper, stattliche und würdevolle Menschen wie William Holden, väterliche wie Spencer Tracy und Walter Pidgeon und einzigartige wie Cary Grant und John Wayne. Doch auch sie wurden älter, und die Zuschauer verlangten nach neuen Gesichtern. Die Studios waren unsicher, wie sie der Herausforderung durch das Fernsehen begegnen sollten, und taten öffentlich so, als gebe es diese Herausforderung nicht. Scheinbar gelähmt, unternahmen sie so gut wie gar nichts, um neue Stars aufzubauen und die alten zu ersetzen. Die vier, die in den fünfziger Jahren auftauchten – James Dean, Montgomery Clift, Marlon Brando und Newman –, kamen alle vom Broadway, was heute nur noch selten der Fall ist. Die Karrieren der ersten drei begannen explosionsartig. Sie bekamen Rollen wie Cal Trask oder Stanley Kowalski, die ausgefeilter und weitaus erfolgversprechender waren als die Rollen, die Newman erhielt. Doch dann starb Dean 1955, noch bevor sein dritter Film, *Giganten*, abgedreht war. Clift starb 1966. Und Brando war eine Supernova, die sich selbst zerstörte.

Newman hat inzwischen erkannt, daß er es niemals mit Brandos Image aufnehmen konnte. Er war für ihn ein „Tier ... ein wahrer Grizzly. Ich habe das nie ausgestrahlt ... Es ist schwer, ein solches

Image aufrechtzuerhalten – daß du ein Tier bist, das vor jedem Hurenhaus parken kann, ohne jemals einen Strafzettel zu bekommen ... Marlon hat aber auch als Schauspieler etwas gewagt. Es war nicht nur das Image. Und seine Rebellion kam aus einer echten exzentrischen Haltung; es war keine Rebellion nur um der Rebellion willen und auch keine allein aus Imagegründen. Ich finde es schade, daß er in seinem persönlichen Leben nicht ebenso diszipliniert gewesen ist, wie er exzentrisch war."

Wenn sie die Hasen waren, war Newman der Igel – er verglich sie allerdings lieber mit Hunden: „Für mich sind sie wie Hunde, die sich mit viel zu großen Knochen abgeben, die versuchen, Knochen unter Zäunen auszugraben, die zu tief in der Erde verankert sind. Vielleicht habe ich ja ein unverschämtes Glück, aber ich bin eben auch fest entschlossen. Irgendwie *kriege* ich diesen Knochen."

Wie man das Tier auch nennt, seine Hartnäckigkeit hat ihm jedenfalls gute Dienste geleistet. Newman war niemals so auf eine Rolle festgelegt wie beispielsweise Dean in *... denn sie wissen nicht, was sie tun* oder Brando in *Die Faust im Nacken*. Anfangs schienen die beiden die richtungweisenden Stars ihrer Generation zu werden. Doch Newman war ein Kämpfer, und heute hat er sie mit einem Lebenswerk in den Schatten gestellt, das weniger auf Pyrotechnik setzt als darauf, eine Rolle einfach zu leben. Newman hatte zwar auch das Aussehen eines atemberaubend attraktiven Helden, was ihn jedoch von Brando, Dean und Clift deutlich unterschied, war die Tatsache, daß er ein komplexerer Schauspieler war, der sich nicht so leicht einordnen ließ. Die anderen waren mehr oder weniger das, was sie spielten – was keine Abwertung sein soll, sondern ein Hinweis darauf, daß sie gut bedient waren mit einer ihrem Typ entsprechenden Rolle. Auf Newman traf dies nicht zu. Seine besten Rollen spielte er, wenn er die Gelegenheit hatte, entgegen seinem Typ gebrochene Charaktere darzustellen, deren Persönlichkeit einen Gegensatz zu seiner makellosen Erscheinung bildete. Paul Newman als reiner

Held ist zu schön, um wahr zu sein; niemand kann so attraktiv und gleichzeitig so talentiert sein, ohne Ablehnung hervorzurufen oder oberflächlich zu wirken. Diese Einstellung entsprach jedoch nicht der Auffassung der Studiobosse, und das mag als Erklärung dafür dienen, daß Newman erst zu seinem eigenen Typ fand, nachdem er sich 1959 von seinen Fesseln als Vertragsschauspieler befreit hatte.

Was Newman und diese anderen jungen Männer am Anfang ihrer Karriere außer ihrem Talent gemein hatten, war das entschlossene, manchmal exzentrische Verlangen nach Unabhängigkeit, das sie mit einem System in Konflikt brachte, das seine Stars wie Plantagenarbeiter behandelte, die zu tun hatten, was die Studiobosse bestimmten: wie sie sich anziehen, wo sie wohnen und mit wem sie sich zeigen sollten.

Als Gegenleistung – besonders in den dreißiger und vierziger Jahren, als die Filmgesellschaften ein sogenanntes „Wirtschaftsabkommen" mit dem Büro des Bezirksstaatsanwalts von Los Angeles und vielen hohen Polizeibeamten hatten – bewahrte man die Stars vor den Unannehmlichkeiten einer Strafverfolgung für „Kavaliersdelikte wie Homosexualität, Transvestitentum, Trunkenheit am Steuer, tätliche Beleidigung, Drogensucht, ordnungswidriges Verhalten, Verweigerung von Unterhaltszahlungen, Betrug und Unzucht mit Minderjährigen" – wie der langjährige „Hollywood-Beobachter" Lloyd Shearer es so schön ausgedrückt hat. Doch noch schwerwiegender als die oben genannten Delikte war die Beschäftigung mit Politik. Straftaten ließen sich vertuschen. Doch politische Aktionen wie die öffentliche Solidarität mit Salatpflückern oder die Verteidigung der Redefreiheit vor dem Ausschuß zur Untersuchung „unamerikanischer Umtriebe", für die beispielsweise Bogart in den dreißiger und vierziger Jahren eintrat, galten als Nestbeschmutzung. Bei Humphrey Bogart setzte sich Jack Warner schließlich sogar gegen seinen Kassenfüller Nummer eins durch. Denn Star zu sein bedeutete, einer Leinwand-Phantasiegestalt zu entsprechen, deren Leben für die Fan-Postillen neu erfunden wurde, anstatt ein echter Mensch zu sein, der eine eigene Meinung hat und sie auch vertritt.

Dean, Clift, Brando und wohl in besonderem Maße Newman – der seine politischen Ansichten immer mit Nachdruck in der Öffentlichkeit vertreten hat – ließen sich das nicht gefallen. „Ich habe entdeckt, daß ein Schauspieler, der in dieser Stadt zu Geld kommen will, fast gezwungen ist, sein Privatleben den Blicken der Öffentlichkeit auszusetzen. Er erliegt der Versuchung, mehr und mehr Geld verdienen zu wollen, und wird ein Ja-Sager in Hollywood", sagte er, nachdem *Ein Leben im Rausch* angelaufen war, in einem Bericht mit der Zwischenüberschrift „Endlich ist er er selbst, nicht Brando oder Dean". „Bisher habe ich es geschafft, diesen Problemen aus dem Weg zu gehen. Ich behalte mein Familienleben für mich, so gut es geht. Ich versuche, mit einem ausreichenden Einkommen ein ruhiges Leben zu führen und Spaß an meiner Arbeit zu haben. Ich weigere mich, dieses große Haus zu kaufen und dafür noch einen fünften

Film pro Jahr machen zu müssen. Es kann natürlich gut sein, daß ich das alles nächstes Jahr um diese Zeit vergessen habe. Schließlich kann man sich ziemlich leicht in einen Mercedes Benz verlieben. Aber im Moment habe ich das Gefühl, daß es mir viel wichtiger ist, Freude am Leben und an der Arbeit zu haben, als nach materiellem Erfolg zu streben."

Nach der Art und Weise zu urteilen, wie Newman sich meistens kleidet, könnte man annehmen, daß sein Einkommen eher gering ist. Am Anfang seiner Karriere besaß er die längste Zeit nur einen einzigen Anzug. Auch heute noch trägt er am liebsten Jeans oder Khakihosen, ein T-Shirt und Slippers oder Laufschuhe. Auch Jogginganzüge gehören zu seinen bevorzugten Kleidungsstücken. Eine ganze Zeitlang hing ein Flaschenöffner an einem Band um seinen Hals, eine Gewohnheit, die er – wenn nicht aus anderen Gründen – mit dem Aufkommen der Getränkedosen aufgab. Am Mittelfinger seiner rechten Hand trägt er einen großen diamantenbesetzten Ring, eine Rennfahrer-Trophäe. Doch der lässige Rennfahrer-Look ist nur seine äußere Fassade. Im Inneren ist Newman ein Dichter und Bach-Liebhaber, der zudem eine unerschütterliche Meinung darüber hat, welche Aufnahme von Glenn Gould die beste ist.

Ende 1956 wurde es für Newman noch schwerer, sein Privatleben bedeckt zu halten, denn Twentieth Century-Fox hatten ihn und Joanne Woodward in *Der lange, heiße Sommer* – nach William Faulkners Roman *Das Dorf* und einigen seiner Kurzgeschichten – gemeinsam besetzt. Dieser Film stand sowohl für ihre erste Zusammenarbeit als Schauspieler als auch für das Scheitern seiner Ehe. Jackie machte dem Trauma ein Ende und reichte die Scheidung ein. Diese wurde 1957 in Mexiko mit so wenig Wirbel und Publicity wie möglich vollzogen, ohne ersichtlichen Groll, der in ein Tauziehen um die Gefühle der Kinder hätte ausarten können. Es wurde vereinbart, daß Scott, Susan und Stephanie bei ihrer Mutter leben, die Wochenenden und die Sommerferien aber mit ihrem Vater verbringen sollten. Die Beziehung zwischen Paul und Jackie blieb offenbar freundschaftlich. „Die Wunden der Kinder, die die Scheidung verursacht hat, werden wohl nie ganz vernarben", sagte er ein paar Jahre später, „aber wir tun alles, was wir können, um sie zu heilen."

Newman hält viel davon, eine Filmrolle einer Art Osmose-Verfahren zu unterziehen und sämtliche Aspekte eines Charakters genau zu untersuchen. Inzwischen tut er das seltener, aber jahrelang pflegte er schon einige Zeit vor dem Filmteam am Originalschauplatz aufzutauchen und die Menschen und ihre Gewohnheiten zu beobachten, um so seiner Rolle authentische Züge verleihen zu können. Vor den Dreharbeiten von *Der Wildeste unter Tausend* (1962) verbrachte er beispielsweise zehn Tage in einer Schlafbaracke, und vor *Carrasco, der Schänder* (1964) hielt er sich zwei Wochen in Mexiko auf. Bevor er *Man nannte ihn Hombre* (1966) drehte, war er mehrere Tage in einem Indianerreservat. Dort beobachtete er einmal einen Mann, der mit angewinkeltem Bein

The Long, Hot Summer
PAUL NEWMAN · JOANNE WOODWARD · ANTHONY FRANCIOSA
ORSON WELLES · LEE REMICK · ANGELA LANSBURY

an einer Hauswand lehnte. Als Newman eine Stunde später wieder vorbeikam, bemerkte er, daß der Mann sich nicht bewegt hatte. Dieses In-sich-Ruhen wurde zum Hauptbestandteil seiner Figur.

„Die Figur des Harper habe ich mir von Bobby Kennedy geklaut“, erläuterte er, kurz bevor Kennedy ermordet wurde. „Die Art, wie Bobby zuhört ... hat etwas ganz Besonderes; sie ist ganz eigenartig. Er wirkt fast unaufmerksam. Wenn man ihn nicht genau beobachtet, hat man fast den Eindruck, daß er gar nicht zuhört. Nicht daß da kein Kontakt wäre – er ist wirklich bei der Sache und hellwach. Aber es ist nicht nur ein Zuhören, es ist ein Nachdenken und Einschätzen. Während man sich unterhält, kann man beobachten, wie er seine Erwiderung vorbereitet. Es bringt einen irgendwie aus dem Konzept, wenn man nicht daran gewöhnt ist. Ich dachte mir, das wäre ein nettes kleines Detail für die Rolle eines Privatdetektivs.“

Proben sind für ihn außerordentlich wichtig. Normalerweise macht er mit dem Studio zwei Wochen Probezeit ohne Bezahlung aus, weil es „mir die Möglichkeit gibt, nicht nur herumzusitzen und intellektuell an eine Rolle heranzugehen, sondern richtig in die Gänge zu kommen und sie durchzuspielen, genau so wie ich es im Fernsehen immer gemacht habe. Beim Fernsehen hatten sie ein bißchen Klebeband am Boden und sagten: ‚Das ist eine Wand‘, oder sie haben vier Stühle zusammengestellt und gesagt: ‚Das ist ein Bett‘, und diesen Vorgaben konnte man folgen, so daß man sich nicht ausschließlich auf die eigene Vorstellungskraft verlassen mußte. Diese Art von Erfahrung gibt mir ein Gefühl der Sicherheit im Hinblick auf das, was ich am Ende vor laufender Kamera tun muß. Wenn man ein Dutzend Schlüsselszenen mit den anderen Schauspielern proben kann und ein Gefühl für den Stil und die Entwicklung der Figur bekommt, dann hat man die Rolle im Griff.“

Für *Der lange, heiße Sommer* ging er 1957 nach Clinton, Missouri (das im Film auffallend an Faulkners Heimatstadt Oxford, Mississippi erinnert), um das Lebensgefühl eines Südstaatlers in den Billardsalons, Bars und Stammlokalen der Einheimischen in sich aufzunehmen. Schon bald darauf merkte er, daß er neue Freunde gewonnen hatte: Einige der Männer, mit denen er getrunken und sich beschäftigt hatte, nahmen einen Reporter beiseite, der unbedingt etwas über die Romanze zwischen Newman und Woodward herauskriegen wollte, und legten diesem nahe, aus der Stadt zu verschwinden.

Eine solche Tat hätte auch seiner Filmfigur Ben Quick gefallen – einem Rowdy, der wegen seines Hangs, Streitigkeiten zu beenden, indem er Scheunen anzündet, am Anfang des Films aus einer Stadt gejagt wird. Nachdem er in einem Ort mit Namen Frenchman's Bend eine neue Bleibe gefunden hat, schmeichelt sich Quick schnell bei Varner (Orson Welles), einem Gierhals und Tyrannen, ein. Dann ist da noch dessen spöttische jungfräuliche Tochter Cara (Woodward), in der er Gefühle weckt, obwohl

KLEINES BILD
***Der lange, heiße Sommer* (1958) war der erste von elf Filmen, die Newman und Joanne Woodward zusammen drehten. Newman führte auch Regie in vier Kinofilmen und einem Fernsehfilm, in denen sie mitspielte.**

GROSSES BILD
Beim Durcharbeiten des Drehbuchs von *Der lange, heiße Sommer*. Joanne Woodward sitzt links von Newman, neben ihr Anthony Franciosa. Gegenüber am Tisch Lee Remick und Orson Welles.

sie sich dagegen wehrt, und Varners Sohn Jody (Anthony Franciosa), ein Schwächling, den er nach Kräften schikaniert. Varner findet Gefallen an diesem Treiben, das er tatkräftig unterstützt. Der Plot erinnert stark an Tennessee Williams und den Film *Die Katze auf dem heißen Blechdach*, den Newman einige Monate später drehte. Newman wurde bei den Filmfestspielen in Cannes im Mai 1958 für seine Darstellung des Ben zum „Herausragenden Schauspieler des Jahres" gewählt. Ähnliche Lobeshymnen erntete er von den amerikanischen Kritikern. „Paul Newman ist in Höchstform in seiner Rolle des Rowdys, der sich mit unverhohlenem Spott einnistet und die jüngere Generation ausbootet, um dann selbst das Erbe des alten Mannes anzutreten", urteilte Bosley Crowther in der *New York Times*. „Seine Muskeln sind gestählt, und seine harten blauen Augen lassen die verschlagenen, häßlichen Charakterzüge eines neuen Huey Long erkennen. Mit dem richtigen Drehbuch könnte er einen klassischen Typ entwickeln." (Gut dreißig Jahre später sollte Newman in *Blaze – Eine gefährliche Liebe* den Gouverneur Earl Long spielen, den Bruder des Demagogen aus Louisiana.)

Unmittelbar nach *Der lange, heiße Sommer* begann er mit den Dreharbeiten zu dem Film *Einer muß dran glauben*, der die Geschichte von Billy the Kid als griechische Tragödie mit modernem analytischem Unterton erzählt. Newman, der bereits in Gore Vidals Fernsehversion mitgespielt hatte, erhielt für den Film diesmal nicht nur seine Gage, sondern war erstmalig auch am Umsatz beteiligt. Er bekam $14^1/_6$ Prozent, die Produktionsfirma $19^1/_6$ Prozent und Warner Brothers den Rest. Ein Jahr vor Drehbeginn hatte Newman mit den Produzenten ausgehandelt, daß, wenn sie den Regisseur Arthur Penn mit mindestens $2^1/_3$ Prozent beteiligen würden, er ihnen $1^1/_6$ Prozent seines Anteils am Umsatz zurückerstatten würde, „um Sie zu bewegen, einen Vertrag [mit dem Regisseur] zu machen." Das taten sie dann auch.

„Ich soll etwas von meinen Anteilen abgetreten haben?" fragte Newman kürzlich. „Nun, Arthur hatte keine, dabei war er der Regisseur. Ihm standen Anteile zu. Schließlich wollte er [den Film] machen. Es war nicht meine Absicht, Anteile aufzugeben. Ich war nur der Ansicht, er hätte auch eine Beteiligung am Film verdient."

Das Drehbuch trug ursprünglich den Titel *The Saga of Billy the Kid*. Newman beabsichtigte schon seit geraumer Zeit, diesen Film zu machen. Das Problem war nur, daß Warner Brothers ihn hinauszögerten, weil sie wollten, daß der Film ein Happy-End hatte. Newman war skeptisch. „Das ist so, als wenn man das Leben von Abraham Lincoln verfilmen würde", sagte er, „und … seine Frau hereinkommt und sagt: ‚Abe, Liebling, ich habe die Theaterkarten für heute abend vergessen. Wir müssen wohl zu Hause bleiben.'"

Ein weiteres Problem für Warner Brothers war Billys ungezügelte Homosexualität in Vidals Originalversion. Homosexualität ist ein grundlegendes Thema im Werk von Vidal wie auch von Tennessee Williams, und keine Produktionsfirma in Hollywood wollte es riskieren, eine im großen und ganzen homophobe Nation von Kinogängern zu verärgern, als man *Einer muß dran glauben* und *Die Katze auf dem heißen Blechdach* drehte. In den Siebzigern hätte Newman gern einen Film mit dem Titel *The Front Runner* gemacht, in dem es um einen homosexuellen Leichtathletik-Trainer und einen seiner Läufer ging. Aber, so sagt er, „wir bekamen das Drehbuch nie richtig hin, obwohl wir es bestimmt fünfmal umgeschrieben haben … [Es wäre etwas ganz Neues für mich] als Schauspieler [gewesen], allerdings nicht im Hinblick auf meine Einstellung. [Denn] ich unterstütze die Rechte der Schwulen, und das nicht nur in den eigenen vier Wänden. Schon als Kind konnte ich die Angriffe auf die Schwulengemeinde nicht verstehen."

Doch im Hollywood der fünfziger Jahre war es besser, die Rolle von Billy the Kid über eine Vater-Sohn-Beziehung als über sexuelle Vorlieben zu definieren. In Leslie Stevens' Schwarz-Weiß-Adaptation ist Billy fast noch ein Kind. Er erfährt zum ersten Mal Zuwendung, als er eine Anstellung bei dem Rancher John Tunstall (Colin Keith-Johnston) erhält. Dieser hat sich den Haß der anderen Rancher in New Mexico zugezogen, da er deren Preise für Rindfleisch bei einem Geschäft mit der Armee unterboten hat. Billy betrachtet Tunstall als Vaterfigur, als dieser ihm Verständnis entgegenbringt. Dafür wird Billy zum fanatischen Anhänger des alten Mannes, so wie jede Kreatur, die bisher keine Liebe erfahren hat, auf Zuwendung reagieren würde. Tunstall glaubt, Schies-

In *Einer muß dran glauben* (1958) spielt Newman eine Rolle, in der er fast noch ein Kind ist. Eine seiner Stärken ist seine Fähigkeit, seinen Gesichtsausdruck und seine Körpersprache in Sekundenschnelle von Heim-tücke über Mordlust in verblüffende Unschuld zu verwandeln.

sereien allein dadurch aus dem Weg gehen zu können, daß er keinen Revolver bei sich trägt. Als er von einem betrügerischen Hilfssheriff und drei Revolverhelden ermordet wird, sieht Billy sie wegreiten und schwört, den Tod seines Freundes zu rächen. Seine Rachsucht und sein Motto: „Ich renne nicht weg. Ich verstecke mich nicht. Ich gehe, wohin ich will ... Ich tue, was ich will" führen dazu, daß er von seinem Freund, dem Marshal Pat Garrett, getötet wird.

Was den Film selbst in Momenten der Übertreibung rettet, ist Newmans Fähigkeit, durch eine Veränderung seiner Mimik und Gestik in Sekundenschnelle von einem heimtückischen oder mordlustigen Ausdruck zu verblüffender Unschuld zu wechseln. Es muß am Ende zur Tragödie kommen, weil durch die Ermordung Tunstalls auch Billys Unschuld, oder zumindest eine seltsame Art von Reinheit, getötet wird. Newman findet freundliche Worte für den Film, der für sein Gefühl „seiner Zeit ein bißchen voraus war und ein Klassiker in Europa geworden ist. Bis heute erhalte ich immer noch Tantiemen zwischen 8.000 und 14.000 Dollar am Ende des Jahres. Wenn Sie heute nach Paris fahren, dann läuft er in irgendeinem kleinen Kino, das wette ich." (Vidal nannte ihn „einen Film, den nur ein Franzose mögen kann".)

Die Filmversion von *Die Katze auf dem heißen Blechdach* hatte dagegen wenig mit Unschuld oder Reinheit zu tun. Sie hatte auch wenig mit dem Bühnenstück zu tun, zumindest insofern, als den Zuschauern nicht erklärt wird, wo die Zwiespältigkeit, mit der Brick Pollitt (Newman) auf die Annäherungen seiner Frau Maggie (Elizabeth Taylor) reagiert, und die Verachtung für seinen Vater herrühren – dessen größter Wunsch es ist, Brick sein Erbe zu hinterlassen, „annähernd zehn Millionen in bar und in erstklassigen Wertpapieren und dazu, denk dran, 28.000 Morgen vom besten Land diesseits des Nils", nach dem sich nicht nur Maggie, sondern auch Bricks Bruder Gooper und seine Frau Mae die Finger lecken. Wenn Big Daddy in der amerikanischen Originalfassung – untermalt von ohrenbetäubendem Donner und zuckenden Blitzen des draußen wütenden Gewitters, das nur allzu deutlich die dunkle und stürmische Nacht im Innern widerspiegelt – brüllt: „Hier fehlt etwas", dann spricht er auch für die Zuschauer. Denn was fehlt, ist der homosexuelle Unterton in der Beziehung zwischen Brick und seinem angebeteten und kürzlich verstorbenen Freund Skipper, welcher in dem Theaterstück so offensichtlich zu Bricks Trinkerei und Raserei führt. In der Filmversion wurde jedoch nicht alles geschönt. So kann man sich kaum eine Familie vorstellen, in der sich so viel Habgier, Mißtrauen und Haß findet wie hier und deren Mitglieder so sehr darauf versessen sind, sich bei jeder Gelegenheit gegenseitig zu beleidigen und zu erniedrigen.

Brick ist im eigentlichen wie im übertragenen Sinne ein Krüppel. Bei einem Hürdenrennen auf dem Sportplatz seiner alten High School um zwei Uhr nachts, mit dem er seine glorreiche Jugend heraufbeschwören wollte, hat er sich in betrunkenem Zustand das Bein gebrochen. Maggie ist die Katze, und das heiße Blechdach ist das Bett, das sie

mit Brick teilt, oder in diesem Fall eben nicht teilt. Ihr Versagen bei der Zeugung der Nachkommen, die Big Daddy sich so verzweifelt wünscht, liefert anderen in der Familie Zündstoff für ziemlich gemeine Bemerkungen. Regisseur Richard Brooks bearbeitete das Stück zusammen mit James Poe, und heraus kam ein Film, der gänzlich von Williams' deftigen, ätzenden Dialogen geprägt ist.

Newmans Darstellung eines Mannes, den nichts mehr mit seiner Frau und seinem Vater verbindet und der bis zur Schlußszene keinen Weg findet, die Beziehung wiederherzustellen, brachte ihm seine erste Oscar-Nominierung ein. (Ives bekam den Oscar für die beste Nebenrolle, allerdings für seine schauspielerische Leistung in *Weites Land.*) Der Konflikt zwischen dem Vater, der künstlich eine Beziehung zu seinem dreißigjährigen Sohn herstellen will, nachdem er ihn (in den Augen des Sohnes) ein Leben lang vernachlässigt hat, und dem Sohn, der sich diese Verbindung zwar verzweifelt wünscht, aber aus Angst, erneut enttäuscht und verletzt zu werden, jedem Annäherungsversuch mit Mißtrauen und Widerwillen begegnet, ist ein Thema, das Newman in mehreren Filmen überzeugend dargestellt hat. Es hieße, Newmans Talent zu unterschätzen, wenn man seine Fähigkeit, diese Rolle so zu meistern, der gestörten Beziehung zu seinem eigenen Vater oder in späteren Filmen dem Tod seines Sohnes zuschreiben wollte.

Brick Pollitt, wie er war, wie er ist, in *Die Katze auf dem heißen Blechdach* mit Big Daddy (Burl Ives) im Keller, wo sie endlich Frieden miteinander schließen. Newman erhielt seine erste Oscar-Nominierung als bester Schauspieler. (Der Oscar ging aber schließlich an David Niven für *Getrennt von Tisch und Bett*.)

Newman ist als Schauspieler zu gut, um sich nur auf eigene Erfahrungen zu verlassen. Die Probleme, die sich aus konfliktbeladenen oder nicht existierenden Vater-Sohn-Beziehungen ergeben – mit denen Brick Pollitt, Edward W. Hall jr., Rocky Graziano, Billy the Kid und Hud Bannon zu kämpfen haben –, wurden allerdings auf bewegende Weise von einem jungen Mann eingefangen, der mit ihnen vertraut war.

Newman hat sich niemals direkt dazu geäußert, was ihn in seinen jungen Jahren so unglücklich gemacht und den Zwist mit seinem Vater herbeigeführt hat, der sich dann in Wut und Rauflust entlud. Jedenfalls sind die Ursachen weniger von Belang als das Resultat, und das war sein Gefühl von Ausgeschlossenheit, das Gefühl, eher eine Randfigur zu sein als im Mittelpunkt zu stehen. Wie auch immer, es sieht jedenfalls so aus, als ob Newman sich nirgends richtig wohlgefühlt hat – weder in seiner Familie noch in der Schule. Nach seiner Einschätzung hatte er sein erstes Erfolgserlebnis als Schauspieler, das heißt, als er nach außen hin ein anderer war, jemand, der durch die Gefühle und Erfahrungen des Schauspielers erst zum Leben erweckt wird. Schon immer hat Newman es verstanden, den Zuschauer dazu zu bringen, sich in einen Außenseiter hineinzuversetzen. Robert Benton, Newmans Regisseur in *Nobody's Fool – Auf Dauer unwiderstehlich*, gibt nicht vor, den Grund dafür zu kennen, aber er ist überzeugt, daß Newman „ein Herz für Menschen [hat], die zu kurz gekommen sind."

Für MGM war *Die Katze auf dem heißen Blechdach* der Kassenschlager des Jahres, und die Kritiker überschlugen sich geradezu vor Begeisterung, wenn auch nicht so sehr für den Film als solchen, so doch für die Schauspieler. „Paul Newman ist einer der großartigsten Schauspieler [beim Film], der zynische Zurückhaltung gegen gesteigerte Action setzt", schrieb der Kritiker von *Variety*. „Seine Beherrschung der klaren, feinfühligen Sequenzen ist unverkennbar, und die Art, wie er seine Gefühle nach außen trägt, ist Grundlage jeder Szene."

„Mister Newman ist vielleicht der einfallsreichste und im Spiel zurückhaltendste von allen Schauspielern. Auf einnehmende Weise vermittelt er das Bild eines verletzten und leidgeprüften jungen Mannes. Miss Taylor … ist phantastisch als fordernde, ungeduldige Ehefrau, die sich ebenso aufrichtig nach der Liebe ihres Mannes wie nach einer Erbschaft sehnt."

Newmans methodischer Ansatz war weithin bekannt, als er den Film drehte. Diese Technik unterstreicht die Bedeutung von emotionalem Gedächtnis und früheren Erfahrungen, so daß die Einführung einer Filmfigur nicht so sehr als Beginn denn als Fortführung einer Handlung verstanden wird. Die Idee, die dahinter steckt, ist, daß durch einfühlsames Beobachten ein breiter emotionaler Spielraum entwickelt wird und dadurch Aktion und Reaktion auf der Bühne echt anstatt inszeniert wirken. Durch dieses Vertrauen auf innere Impulse kann eine Szene unerwartete Wendungen nehmen. Einige Regisseure empfinden dies als Bedrohung, weil sie dadurch nicht mehr die Kon-

RECHTS
Während der Proben zu *Die Katze auf dem heißen Blechdach* nahm Newman die Crew wegen ihrer Vorstellungen vom Method Acting auf den Arm: „Ich habe mir … plötzlich das Schlafanzugoberteil vom Leib gerissen, habe mir das Nachthemd meiner Frau [Elizabeth Taylor] übergestreift und habe geschluchzt: ‚Skipper! Skipper!' Es waren zwanzig Leute am Set, und wissen Sie was – keiner hat gelacht. Für sie war es Method Acting, und sie standen in ehrfürchtiger Stille."

trolle über ihre Produktion haben. George Abbott, der kürzlich im Alter von 107 Jahren verstarb und praktisch das ganze Jahrhundert hindurch eine zentrale Figur der amerikanischen Theaterszene war, soll einmal auf die Frage eines Schauspielers „Was ist meine Motivation?“ geantwortet haben: „Dein Job.“

Newman empfindet den Ansatz, den er im Actors Studio gelernt hat, zwar als hilfreich, um in eine Rolle zu schlüpfen, er ist jedoch der Meinung, daß viele Leute, die diesen Prozeß nicht verstehen, das Ganze viel zu ernst nehmen. Im Verlauf seiner Karriere hat er sich einen Ruf als Witzbold erworben, der es in sich hat – so ließ er einmal den Schreibtisch des Regisseurs George Roy Hill in der Mitte durchsägen, weil der sein Versprechen, eine Schnapsrechnung zu bezahlen, nicht eingehalten hatte; Robert Altmans Wildlederhandschuhe ließ er in Pfannkuchenteig fritieren und Altman am Set von *Buffalo Bill und die Indianer* zum Mittagessen servieren; und er ließ einen schrottreifen Porsche, den Robert Redford ihm eigentlich aus Spaß geschickt hatte, komprimieren und in der Eingangshalle von Redfords Haus aufstellen.

Aber daß er gern Streiche spielte, war damals nicht so bekannt wie seine Auffassung von Schauspielerei, was ihm bei den Dreharbeiten zu *Die Katze auf dem heißen Blechdach* sehr entgegenkam. „Erinnern Sie sich an Skipper, den toten Freund, der homosexuell gewesen sein soll?“, fragte Newman ein paar Jahre nach der Premiere. „Na ja, auf jeden Fall bin ich im Schlafanzug [im Bad zwischen seinem und Maggies Schlafzimmer, nachdem er gerade Maggies Annäherungsversuche abgewiesen hat] und soll die Tür zuknallen, und dabei streift das Nachthemd meiner Frau, das an der Tür hängt, mein Gesicht. [Im Film drückt er das Nachthemd an sein Gesicht, und wir erkennen Schmerz und Verlangen.] Jedenfalls habe ich mir bei den Proben, als wir an dieser Stelle angelangt waren, plötzlich das Schlafanzugoberteil vom Leib gerissen, habe mir das Nachthemd meiner Frau übergestreift und habe geschluchzt: ‚Skipper! Skipper!‘ Es waren zwanzig Leute am Set, und wissen Sie was – keiner hat gelacht. Für sie war es Method Acting, und sie standen in ehrfürchtiger Stille. Nachdem diese Mission in die Hose gegangen war, habe ich daher irgend etwas gemurmelt wie ‚na ja, nein, ich glaube, so würde ich es dann doch nicht machen‘.“

Paul Newman und Joanne Woodward heirateten am 29. Januar 1958 in Las Vegas. Ihre Flitterwochen verbrachten sie in London. Sie sammelt Sherry-Gläser, er schreibt Gedichte. Als Hochzeitsgeschenk überreichte er ihr einen versilberten Becher von der Größe eines Sherry-Glases mit der Inschrift: „So you wound up with Apollo / If he's sometimes hard to swallow / Use this.“ („Jetzt bist du also bei Apollo gelandet / Wenn er manchmal schwer zu schlucken ist / Versuch's hiermit.“)

Vorher hatten sie einige Monate in einem gemieteten Haus am Strand von Malibu gewohnt, zusammen mit ihrem guten Freund Gore Vidal, der die beiden (auf ihre Herkunft anspielend) Miss Georgia und Mister Shaker Heights nannte, was auch auf die beiden Eheleute in dem Film *Mr. & Mrs. Bridge* passen würde, den die beiden im Jahre 1989 zusammen drehten. India Bridge ist spröde, wohlerzogen und rücksichtsvoll gegen ihren Ehemann Walter, einen Anwalt, für den seine Arbeit sein Leben ist. Er hat zu allem etwas zu sagen und erwartet von seiner Frau, die keine eigene Meinung äußert, daß sie seine Ansichten teilt. Als eine Tornado-Warnung alle anderen in ihrem Country-Club veranlaßt, in Deckung zu gehen, bleibt Walter ruhig am Tisch sitzen und streicht Butter auf seine Brötchen, während sie angstvoll zuschaut, aber ebenfalls sitzenbleibt. Nach der Entwarnung meint er nüchtern: „Seit zwanzig Jahren sage ich dir, wann etwas passieren wird und wann nicht." Als Walter dann wirklich mit seinem Tod rechnet, geht er mit India zur Bank und zeigt ihr die Sicherheiten, die er für sie und die Kinder zurückgelegt hat. Was sehr leicht komisch hätte aussehen können, wirkt hier ergreifend und zärtlich.

Robert Benton erklärte: „Walter Bridge ist die untypischste Rolle, die Paul Newman gespielt hat, obwohl er ihm nach seiner eigenen Einschätzung am meisten entspricht. Ich bin mir dessen nicht so sicher. Aber er ist einfach brillant in diesem Film. Eine Hand hält er immer hinter seinem Rücken, weil er auch nicht das Geringste tun darf."

Newman und Woodward sind zusammen in elf Filmen aufgetreten. Außerdem hat Newman in vier Filmen mit ihr Regie geführt, dazu in der bewegenden Fernsehfassung des mit dem Pulitzer-Preis ausgezeichneten Stücks von Michael Christofer *Endstation Malibu* (das von drei Patienten in einem kalifornischen Hospiz handelt, die sich Gedanken über den Tod machen), mit seiner Tochter Susan als Ko-Produzentin. Für Newman und Woodward steht die Darstellung der Charaktere im Vordergrund, und sie sehen ihre Filme weniger als Mittel, um ihre Karriere zu befördern. Sie erzeugen eine Intimität, die mehr auf ihren Rollen als auf der Verbundenheit durch ihre Ehe beruht, und sie strahlen eine angenehme Vertrautheit aus, die dem Zuschauer suggeriert, daß diese Figuren schon seit Jahrzehnten zusammen leben – was bei den Schauspielern ja (noch) nicht der Fall war. Daß sie viel voneinander wissen, macht, laut Newman, einerseits Spaß und läßt sie andererseits ehrlich bleiben. „Wenn wir zusammenarbeiten, wissen wir beide, daß wir nicht mit irgendwelchen alten Tricks durchkommen, weil der andere dasitzt und wissend mit dem Kopf nickt und sagt: ‚Ja, ich glaube, ich erinnere mich, das habe ich auf Seite 28 von *Ein Leben im Rausch* auch gemacht.'" Trotz der Übereinstimmung ihrer Darstellungsweisen hätte ihr künstlerischer Ansatz zur Zeit ihrer Heirat nicht unterschiedlicher sein können. Sie ging instinktiv an eine Rolle heran, er methodisch, besonders zu jener Zeit. Inzwischen, nach vierzig Jahren Erfahrung, verläßt sich Newman nicht mehr ganz so sehr auf die Methodik. Wenn er heute auf seine frühe Arbeit zurückblickt, hat er den Eindruck, daß er sich manchmal zu viele Gedanken über eine Rolle gemacht und sich zu lange vorbereitet hat. Ein guter Freund

PRETZELS

Paul Newman und Joanne Woodward heirateten im Jahre 1958. Ihr Freund Gore Vidal, mit dem sie vor ihrer Hochzeit ein Strandhaus teilten, nennt sie liebevoll Miss Georgia und Mister Shaker Heights.

beschrieb die beiden einige Jahre nach ihrer Heirat: „Bei Joanne ist es so: Man gibt ihr einfach den Text und sagt ihr, wo sie stehen soll. Paul aber ist vorsichtig, gewissenhaft, bemüht und sucht nach Begründungen."

„Ich glaube, er ist verrückt", sagte Woodward kurz nach ihrer Heirat. „Wenn er arbeitet, analysiert er das ganze Drehbuch ... er ist völlig versunken ... er ist gräßlich. Spricht nicht. Wenn es eine furchtbar schwere Rolle ist, sehe ich ihn überhaupt nicht. Oh, er ist da, das schon, aber er ist nicht wirklich da. Er ist irgendwo in Gedanken versunken."

Zur gleichen Zeit äußerte Newman über Woodward: „Ohne sie wäre ich nirgendwo, ein Nichts – durch sie habe ich mich geöffnet." Darauf angesprochen, fügte er fast fünfunddreißig Jahre später hinzu: „Ich glaube einfach, der Zufall hatte seine Hand im Spiel. Sie hatte einen beruhigenden Einfluß auf meine Exzesse, die immer noch unmäßig genug waren, jetzt aber wenigstens teilweise in Bahnen gelenkt wurden. Und die Dinge, die sie wütend gemacht haben, konnte ich irgendwie aus der Welt schaffen: die Trinkerei, unmögliches Benehmen, das Leben am Rande des Abgrunds. Warum ich mich so verhalten habe? Wahrscheinlich konnte ich dadurch eine Menge Dampf ablassen. Eine Art Sicherheitsventil."

Bei allem privaten Glück war das Jahr 1958 ein Jahr beruflicher Unzufriedenheit. Die Rollen, die Newman bekam, waren zwar überwiegend gut, nicht aber die Bezahlung. Sein Vertrag bei Warner war fristgemäß im August 1957 erneuert und seine wöchentliche Gage auf 1.750 Dollar erhöht worden, bei einer Mindestgarantie von zwei Filmen und der Option auf einen dritten Film. Das heißt, daß er an *Der lange, heiße Sommer* und *Die Katze auf dem heißen Blechdach* jeweils 17.500 Dollar für die zehnwöchigen Dreharbeiten verdiente. Keine schlechte Bezahlung in vieler Hinsicht, aber wenn man bedenkt, daß Warner Brothers 75.000 Dollar an Leihgebühren pro Film für Newman kassierten, war sie doch nicht so gut, fand Newman. Er spielte gerade in *Die Katze auf dem heißen Blechdach* als Leihschauspieler bei Fox, als er seiner Unzufriedenheit in einer witzigen, aber sarkastischen Ansprache bei einem Presse-Lunch in Hollywood in aller Öffentlichkeit Luft machte. Er legte seine Ausbeutung durch Warner Brothers in allen Einzelheiten dar, was Jack Warner sehr verärgerte.

Aber Newman verärgerte nicht nur die Studiobosse, sondern auch die Klatschkolumnisten, da er sich weigerte, über sein Privatleben zu sprechen, was die Studios von ihren Stars eigentlich erwarteten (solange sie nur das Richtige erzählten). Newman war und ist der Meinung, daß er schon vor der Kamera genug von sich zeigt, wenn er seine Arbeit richtig macht. Was er im Bett trägt oder was er in seiner Freizeit macht, ist allein seine Sache.

Sogar bei der Arbeit hielt er sich im Hintergund. 1974, während der Dreharbeiten zu *Flammendes Inferno*, kam der Autor David Freeman gerade vom Lunch in der, wie allgemein behauptet wird, besten Studio-Kantine Hollywoods zurück zur Arbeit. „Vor einem Tonstudio war ein schöner silberner Porsche mit PN-Nummernschild geparkt", erinnert er sich. „Und hinter dem Steuer saß Newman und aß ein Mittagessen aus der Kantine. Es macht offensichtlich keinen Spaß, so bekannt zu sein. Und dabei befanden wir uns auf einem Filmgelände!"

Außerhalb des Studios trug Newman manchmal einen falschen Bart und Sonnenbrille, um nicht erkannt zu werden – mit wechselndem Erfolg. Ob verkleidet oder nicht, meint er, jeder hat das Recht darauf, „sich ungestört mit seiner Frau zu unterhalten, wenn er das möchte. Ich möchte das. Ich möchte die Fifth Avenue entlanggehen, ohne gebeten oder manchmal auch aufgefordert zu werden, meinen Namen auf ein Stück Papier zu schreiben oder mich für ein Photo mit dem Lieblingshund oder dem Baby einer Familie in Positur zu stellen. Wenn Leute zu mir sagen: ‚Lächeln' oder ‚Nimm doch mal die Sonnenbrille ab', dann muß ich sofort an einen Ausbilder bei der Armee denken, der mich herumkommandiert."

Dennoch hat er viele Jahre lang Bewunderern bereitwillig Autogramme gegeben, auch wenn er sich belästigt fühlte. Er hörte jedoch damit auf, nachdem eine absurde Situation ihm die Augen geöffnet hatte. „Ich habe aufgehört, Autogramme zu geben", erklärte er Peter S. Greenberg in einem *Playboy*-Interview, „als ich einmal bei Sardi's an einem Urinal stand und jemand mit einem Stück Papier und einem Stift in der Hand auf mich zukam. In diesem Augenblick kam mir das so albern und anstößig vor, und mir wurde klar, daß ich in keiner Situation mehr ungestört war … Ich fragte mich … wohin mit meinen Händen? Erst Händewaschen und dann Händeschütteln? Oder erst Händeschütteln und dann Händewaschen?"

Genauso albern ist es, wenn Leute verlangen, daß er die Sonnenbrille abnimmt, um zu sehen, ob seine Augen wirklich so blau sind. Die Fans scheinen zu glauben, daß die Stars ihnen das schuldig sind. Newman ist auch der Meinung, daß er seinen Fans etwas schuldig ist, aber nicht das. „Ich schulde ihnen eine Menge. Ich schulde ihnen die beste schauspielerische Leistung, die ich geben kann; ich schulde ihnen pünktliches Erscheinen an meinem Drehort; ich schulde ihnen, daß ich zumindest versuche, bei der Arbeit mein Bestes zu geben, nicht nur wegen des Geldes. Aber wenn jemand meint, ich sei es ihm schuldig, mich vor einer Mauer aufzustellen und meine Sonnenbrille abzunehmen, damit er ein Bild von meinen Himmelblauen machen kann, dann antworte ich: ‚Nein, das bin ich Ihnen nicht schuldig.' Ich versuche, nicht verletzend zu sein. Ich sage so etwas wie: ‚Wenn ich meine Sonnenbrille abnehme, rutschen meine Hosen runter.' Oder wenn sie darauf bestehen, sage ich: ‚Klar, ich nehme meine Sonnenbrille ab, wenn ich mir dafür Ihr Zahnfleisch ansehen darf.' Gleiches Recht für alle … Das Blaue-Augen-Getue ist beleidigend, weil daraus folgt, daß du ohne sie ein Versager wärst: ‚Damit hast du es geschafft, also nimm deine Brille ab, damit wir deine berühmten blauen Augen sehen können.‘ Es ist wie bei Bo Derek, wissen Sie: ‚Zieh deinen BH aus, damit wir deine Titten sehen können.‘ Das hat genau den gleichen Beigeschmack; es hat etwas Erniedrigendes an sich.“

Das Bewußtsein, daß die Leute ihn immer nur über seine Leinwandauftritte wahrnehmen, macht ihn „mißtrauisch. Ich glaube, deshalb sind die meisten meiner Freunde Leute, die ich schon seit zwanzig oder fünfundzwanzig Jahren kenne. Der Produzent John Foreman hat einmal eine Beschreibung von mir gegeben, die ich liebe und schätze. Er sagte: ‚Paul Newman steht jeden Morgen auf, geht zum Fenster und sucht den Horizont nach Feinden ab.‘“

Noch heftiger wird er, wenn es um seine Ehen geht: „Das geht niemanden etwas an.“ „Zu wissen, was wir damals erlebt haben, wird niemandem dabei helfen, ein glückliches Leben zu führen – es wird anderer Leute Ehe nicht verbessern, und es wird anderer Leute Ehe nicht zerstören – es geht einfach niemanden etwas an“, erklärte er 1983. „Wir leben im Zeitalter der Freizügigkeit, im Zeitalter von … *National Enquirer*, aber mein Motto für die Achtziger ist: ‚Scheiß auf die Freizügigkeit.‘“

Über die Ehe von Newman und Woodward ist so gut wie nichts bekannt. Sie bleibt ihre Privatsache. Dennoch gibt es ein paar Kleinigkeiten, über die sie gesprochen haben: Wie jedes andere Ehepaar haben sie Auseinandersetzungen, von denen sie sich aber nicht unterkriegen lassen. Einmal während ihrer Ehe packte Paul Newman einen Koffer und zog aus – um nach zehn Minuten wieder zurückzukommen, da ihm aufgefallen war, daß er gar nicht wußte, wohin. Sie lachen viel. Sie nennt ihn den besten Regisseur, für den sie je gearbeitet hat – was sogar zutreffen könnte. Er führt gern in Filmen mit ihr Regie, denn, wie ihr gemeinsamer Freund, der Schriftsteller Stewart Stern, sagt: „Paul hegt ein Gefühl echter Bewunderung für Joannes Können. Er ist ständig bemüht, ein Umfeld zu schaffen, damit die Welt sehen kann, was er in ihr sieht.“

Er nennt sie „die letzte der Wahnsinnsbräute“, was als Kompliment gemeint ist. Er ist der Meinung, daß sie einander ebenbürtig sind, doch manchmal vergesse er, „wie unglaublich sie ist“. Um die Erinnerung aufzufrischen, genügt ein einfacher Blick in ihre Wohnung in Manhattan, die mit erlesenen Antiquitäten und chintzbezogenen Sofas ausgestattet ist. 1986 sagte er mit einiger Verwunderung: „Hätte mir vor zwanzig Jahren jemand gesagt, ich würde einmal in einem Zimmer mit pfirsichfarbenen Wänden sitzen, dann hätte ich ihm nahegelegt, er solle ein Nickerchen in der Kloschüssel machen.“

Als die bekannte Klatschkolumnistin Joyce Haber 1969 ohne Überprüfung der Fakten einen Bericht veröffentlichte, nach dem die Newmans „nach Aussage von Freunden bereits getrennt leben und sich scheiden lassen wollen“, gab das Paar für 3.000 Dollar eine halbseitige Anzeige in der *Los Angeles Times* auf:

1. Weil wir wissen, wie groß die Macht der Presse ist,
2. weil wir befürchten, einen schlechten Journalisten in Verlegenheit zu bringen,
3. weil wir Angst haben, Miss Haber und ihre Leser zu enttäuschen, werden wir uns bemühen, ihren „Faszinierenden Gerüchten, bislang unbestätigt" Entgegenkommen zu zeigen, indem wir das Scheitern unserer Ehe erklären, obwohl wir uns immer noch mögen.

JOANNE UND PAUL NEWMAN

NÄCHSTE SEITE
Mister Shaker Heights und Miss Georgia mit Freund am häuslichen Herd kurz nach ihrer Hochzeit. Seine Freude am Kochen führte zu der Lebensmittelkette Newman's Own und damit zu Spenden von annähernd 70 Millionen Dollar für wohltätige Zwecke.

NEWMAN

Die frühen Jahre

RECHTS
Newman um 1958.

LINKS
Newman um 1959, zu der Zeit, als er *Der Mann aus Philadelphia* drehte.

OBEN

Kinoanzeige für *Der lange, heiße Sommer* (1958), Newmans und Joanne Woodwards erster von bislang elf gemeinsamen Filmen.

RECHTS

Als Ben Quick mit Will Varner (Orson Welles) in *Der lange, heiße Sommer.*

LINKS

Als Brick Pollitt mit seiner Frau Maggie die Katze (Elizabeth Taylor) in der entschärften Filmfassung von *Die Katze auf dem heißen Blechdach* (1958).

OBEN
Paul Newman und Joanne Woodward um die Zeit ihrer Hochzeit im Jahre 1958.

RECHTS
Newman und Woodward – eine Szene, in der Woodward von ihrer größtenteils spröden und kalten Rolle, die sie in *Von der Terrasse* (1960) spielt, einmal abweicht.

OBEN
Zu Hause mit Joanne Woodward im Jahre 1965.

OBEN RECHTS
Am Set von *Exodus* (1960), in dem er Ari Ben Canaan spielt. Im Vergleich mit anderen Newman-Filmen wird deutlich, daß seine wahre Stärke in der Darstellung von komplexeren Charakteren liegt, die zumindest auf den ersten Blick keine Helden sind.

UNTEN RECHTS
Die verrückten Dinge, die Newman im Kopf hat, hat er offensichtlich manchmal auch auf dem Kopf.

LINKS
Filmplakat für *Haie der Großstadt* (1961).

PAUL NEWMAN
IS
"HUD"!
THE MAN WITH THE
BARBED WIRE SOUL!
"Superbly acted...magnificently filmed..."
–BOB CONSIDINE
A SALEM-DOVER PRODUCTION
CO-STARRING
MELVYN DOUGLAS PATRICIA NEAL BRANDON deWILDE
PANAVISION®
PRODUCED BY MARTIN RITT AND IRVING RAVETCH
DIRECTED BY MARTIN RITT
SCREENPLAY BY IRVING RAVETCH AND HARRIET FRANK, JR.
FROM A NOVEL BY LARRY McMURTRY
MUSIC SCORED BY ELMER BERNSTEIN
A PARAMOUNT RELEASE
Copyright© 1962 by Paramount Pictures Corporation, Salem Productions, Inc. and Dover Production, Inc. Printed in U.S.A.
63/117

OBEN

Mit Sophia Loren im Film *Lady L* (1965), in dem er einen komischen Anarchisten spielt. „Ich bin jeden Morgen in dem Bewußtsein aufgewacht, daß das nicht gerade eine Glanzleistung war.“

LINKS

Kinoanzeige für *Der Wildeste unter Tausend* (1962). In Wirklichkeit ist Newman ganz anders als der egozentrische Hud Bannon

OBEN
Am Set von *Der Unbeugsame* (1966).

GANZ LINKS
Zwischen zwei Takes am Set von *Der Unbeugsame*.

LINKS
Während der Dreharbeiten zu *Man nannte ihn Hombre* (1966), in einer seiner vier bezeichnenden und sehr erfolgreichen „H-Rollen“ (neben seinen Rollen in *Haie der Großstadt*, *Der Wildeste unter Tausend* und *Ein Fall für Harper*) in den sechziger Jahren.

GROSSES BILD
Das erstarrte Bild der Schlußsequenz von *Zwei Banditen* (1968). „Zu schade, daß sie am Schluß getötet wurden", sagte Newman. „Die beiden hätten im Film ewig leben können."

KLEINES BILD
In *Zwei Banditen*.

NÄCHSTE SEITE
In *Zwei Banditen* vollführte Newman selbst die Kunststücke auf dem Fahrrad, nachdem der Stuntman, der dafür angeheuert worden war, sich beklagt hatte, sie seien ihm zu gefährlich. Im Hintergrund Katharine Ross in der Rolle der Etta Place.

Paul Newman

Sie wohnten in einer Reihe von Häusern und Wohnungen zur Miete – Newman schätzt, daß es zehn waren in den ersten vier Ehejahren –, wenn sie nicht direkt am Drehort waren. 1958 machten die beiden einen weiteren gemeinsamen Film: *Keine Angst vor scharfen Sachen*, eine Parodie auf das Leben in der Provinz nach einem Roman von Max Shulman. Shulman, ein bissiger Satiriker und Witzbold, ist einer der größten Humoristen Amerikas; unzählige Schriftsteller haben versucht, seine elegante, spritzige und federleichte Prosa zu kopieren – mit deprimierenden, schwerfälligen Ergebnissen. Aber Bücher sind eine Sache, Filme eine andere.

Die Geschichte handelt von einer Hausfrau in Connecticut (Woodward), die sich mehr um die Angelegenheiten der Gemeinde als um ihren Haushalt kümmert. Als ihre Stadt als Standort für eine Raketenbasis ausgewählt wird, soll ihr Mann (Newman) nach Washington, D.C. fahren, um gegen diese Entscheidung zu protestieren. Dabei wird er von seiner äußerst attraktiven Nachbarin (Joan Collins) begleitet, was, wie vorauszusehen ist, zu Mißverständnissen führt.

Leo McCarey, der Regisseur, brachte die besten Voraussetzungen für die Arbeit mit: Er hatte für herausragende Stummfilme mit Laurel und Hardy die Drehbücher geschrieben und Regie geführt, war der Regisseur von Schauspielern wie W. C. Fields, den

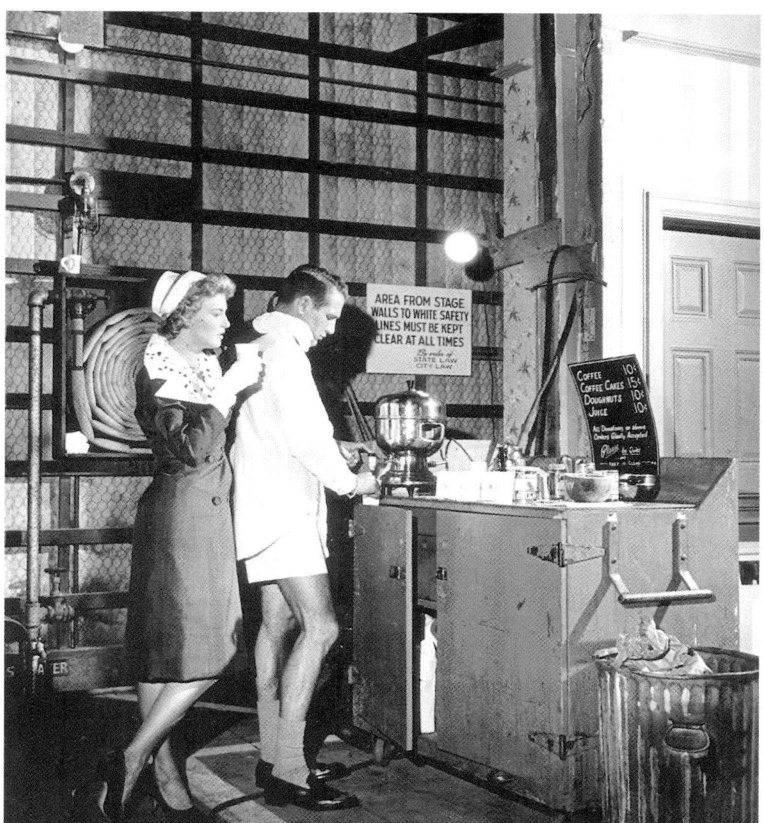

Woodward und Newman am Set von *Keine Angst vor scharfen Sachen* (1958), wo sie den ganzen Glamour des Filmemachens genießen.

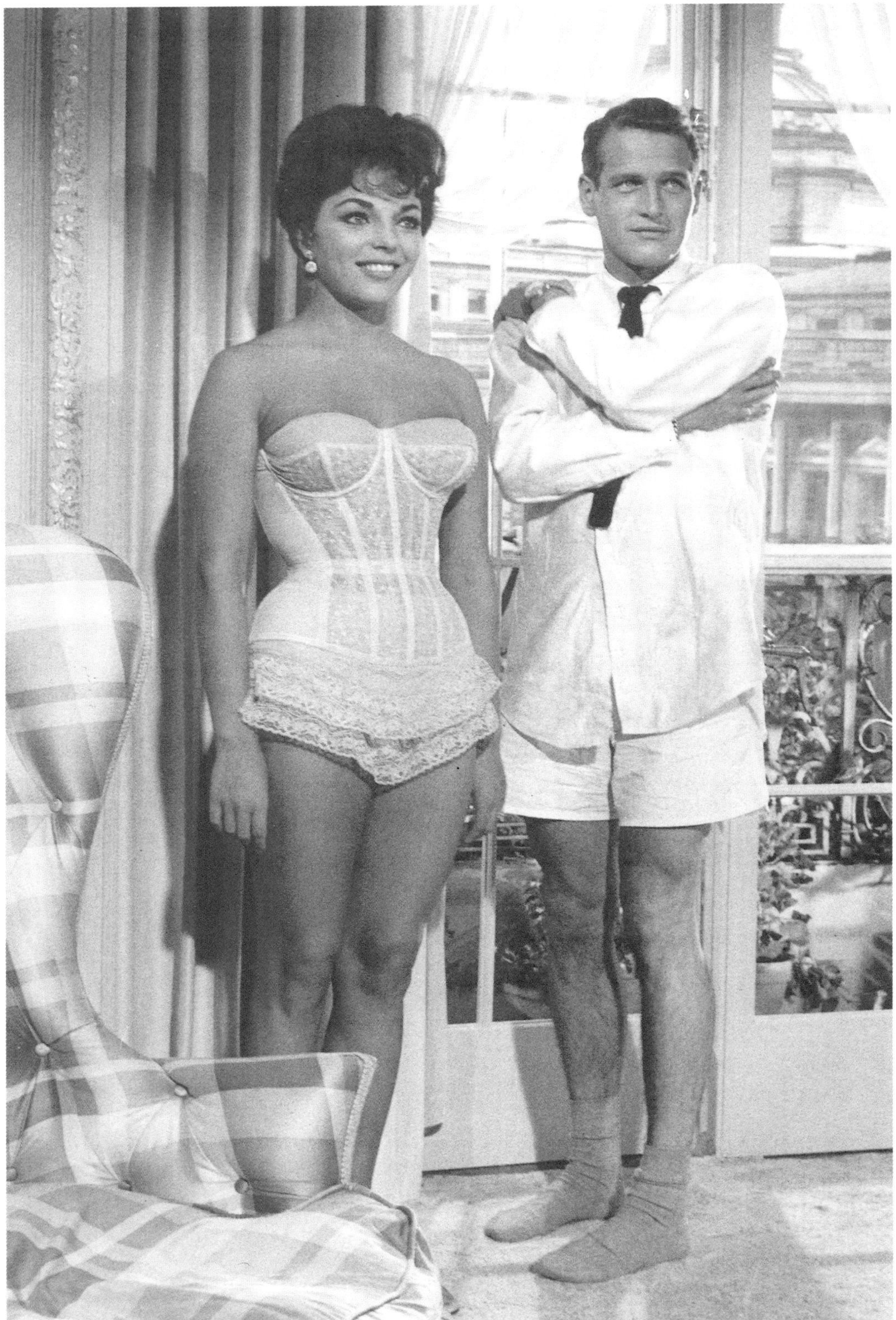

Marx Brothers in *Die Marx Brothers im Krieg* gewesen und hatte auch *Die große Liebe meines Lebens* inszeniert. Dennoch wurde aus dem Vorhaben ein platter Film ohne Witz, und Newman bezeichnet seinen eigenen Beitrag als „schwache Leistung".

Abgesehen davon, daß sich ein Cary Grant für die Rolle ohnehin weitaus besser geeignet hätte, waren Newmans Schwierigkeiten zum Teil auch auf seine wachsende Unzufriedenheit mit Warner Brothers zurückzuführen. Wieder einmal wurde er mit großem Gewinn für Warner Brothers, nicht aber für ihn selbst, an ein anderes Studio verliehen. Die Vereinbarung zwischen Warner und Fox brachte Newman pro Woche 1.750 Dollar ein, während Warner Brothers, bei einer Mindestlaufzeit von zehn Wochen, 7.500 Dollar wöchentlich einstrichen; die elfte Woche mußte Fox nicht bezahlen. Als „Aufwandsentschädigung" stellte Fox Newman „eine sogenannte ‚Stargarderobe' zur Verfügung". Darüber hinaus wurde ihm zugesagt, daß sein Name auf den Darstellerlisten (im Vor- oder Abspann) an vorrangiger Stelle steht und in Werbeanzeigen vor den anderen Schauspielern und in der gleichen Buchstabengröße wie der Filmtitel erwähnt wird. Auf diese Weise macht man in Hollywood Punkte, und Newmans „Bilanz" sah in dieser Hinsicht ganz gut aus. Eine völlig andere Frage ist die, was ein Star verdient, und da sah es weniger gut aus. Als Warner Brothers wie jedes Jahr im August seinen Vertrag erneuerten und seine Gage um 250 Dollar auf 2.000 Dollar wöchentlich erhöhten, wurde ihm damit nur vor Augen geführt, wieviel Geld er dem Studio einbrachte und wie wenig für ihn selbst im Vergleich dazu abfiel.

Ende 1958 fand er sich ein, um seine Arbeit an *Der Mann aus Philadelphia* aufzunehmen. Hätte er damals schon gewußt, daß dies der letzte Film sein würde, den er für Warner Brothers oder irgend jemand anderen machen mußte – er wäre zweifellos hocherfreut gewesen. Das Ergebnis war ein durchaus ansehnlicher Film und ein gutes Beispiel für den Stil der fünfziger Jahre. Aber vor allem ist es das beste Beispiel dafür, wie die Mentalität des Studios Newmans Selbstfindung entgegenarbeitete.

Newman spielt die Rolle eines anständigen jungen Mannes, der zwar aus gutem Hause stammt, aber mittellos ist, so daß er sich das Schulgeld für sein Jura-Studium als Bauarbeiter verdienen muß (was natürlich mehrere Szenen erforderlich machte, in denen Newman mit freiem Oberkörper zu sehen ist). Das Drehbuch deckt alle Grundmuster ab: Tüchtiger, attraktiver junger Mann mit schwieriger Vergangenheit bekommt und verliert Mädchen, wird hart und zynisch, wird dann geläutert – und erobert das Mädchen schließlich, indem er für einen Freund alles aufs Spiel setzt. Das Problem war nur, daß die Rolle Newman keine Reizfläche bot.

Newmans Worte in der Eröffnungsszene des Films besaßen prophetischen Charakter: „Das Leben eines Mannes, so heißt es, ist die Summe seiner Handlungen." Seine eigenen Handlungen in den nächsten paar Monaten gaben seinem Leben eine erstaunliche Wendung. Als Warner Brothers, kurz nach der Fertigstellung von *Der Mann aus*

LINKS
In einer Situation, die weniger kompromittierend ist, als es den Anschein hat, in *Keine Angst vor scharfen Sachen* (1958). Nachdem ihre kleine Stadt als Standort für eine Raketenbasis ausgewählt wurde, wird Newman von seiner Frau (Woodward) nach Washington geschickt, um gegen die Entscheidung zu protestieren. Als ihre äußerst attraktive Nachbarin (Joan Collins) ihm dorthin folgt, führt dies, wie vorauszusehen ist, zu Mißverständnissen.

Philadelphia, nicht zu einer Vereinbarung standen, die es Newman ermöglicht hätte, einen Film bei einem anderen Studio zu machen, traf sich der Schauspieler mit Jack Warner und machte ihm klar, daß er aus seinem Vertrag mit Warner Brothers aussteigen wolle.

Sein Verhalten zeugte entweder von großem Mut oder von unverbesserlicher Dummheit. „‚Fahr zur Hölle', sagte ich zu Jack Warner – und das war in einem sehr frühen Stadium, als ich es mir wirklich nicht leisten konnte, ihm zu sagen, er solle zur Hölle fahren", erzählte Newman. „Aber das war mir echt scheißegal."

Einige arrivierte Stars, darunter Kirk Douglas und Bette Davis, hatten sich der Studiopolitik widersetzt und sich geweigert, in Filmen mitzuwirken, die sie nicht machen wollten, und waren bereit, finanzielle Einbußen hinzunehmen, wenn sie dafür die Kontrolle über ihre Arbeit behielten. Ihre Auflehnung hatte Newman beeindruckt. Als Warner auf Newmans Forderung nicht einging, spielte dieser seine einzige Trumpfkarte aus: Er nahm seine Option wahr, am Broadway spielen zu können. Am 10. März 1959 fand die Premiere statt.

Es war der perfekte Schachzug. Das Stück war Tennessee Williams' *Süßer Vogel Jugend.* Die andere Hauptrolle spielte Geraldine Page, Regie führte Elia Kazan, und der Erfolg war überwältigend. Chance Wayne (Newman), ein Gigolo mit schauspielerischen Ambitionen, der gerade mit der Prinzessin Kosmonopolis (Page), einer alternden Filmdiva, liiert ist, kehrt in seine Heimatstadt zurück. Dort hat er Jahre zuvor unwissentlich seine Freundin schwanger und mit Syphilis infiziert zurückgelassen, die nicht nur zur Abtreibung gezwungen war, sondern sich auch die Gebärmutter entfernen lassen mußte. Als ihr despotischer Vater, der hohe Politiker Thomas J. Finley, entdeckt, daß der Mann wieder in der Stadt ist, der das Leben seiner Tochter zerstört hat, schickt er eine Bande von Schlägern los, darunter auch seinen Sohn Tom jr., um Chance zu kastrieren. Anstatt sich, wie geplant, mit der Schauspielerin, deren Karriere – zumindest in ihrer Phantasie – wieder im Aufwind ist, nach Hollywood abzusetzen, bleibt Chance, wo er ist, um seinem Schicksal ins Auge zu sehen.

Der Kritiker Walter Kerr schrieb, Newmans zweideutige Figur bestehe „zur einen Hälfte aus vulgärer Gier, zur anderen Hälfte aus schmachtendem Idealismus – leichtsinnig am Abgrund der Hölle balancierend". Brooks Atkinson war gleichermaßen beeindruckt: „Die drei Hauptfiguren – ein leichtlebiger Filmstar, ein erpresserischer Gigolo, ein hohes Tier aus der Politik – sind boshaft und mißgünstig, verursachen und erfahren Leid und sind dem Untergang geweiht. Die Charaktere von Dostojewski und Faulkner finden in Mister Williams' eigener Galerie von Persönlichkeiten ihre unmittelbarste Entsprechung … Paul Newmans Darstellung des leichtsinnigen jungen Mannes ist herausragend … Die Darstellung läßt erahnen, daß hinter dem schäbigen, anmaßenden Verhalten des jungen Mannes noch eine Spur von Anstand aus der Ver-

Als Newman 1959 in *Süßer Vogel Jugend* spielte, landete er nicht nur am Broadway, sondern auch auf dem Feld so manchen Treffer.

gangenheit zu finden ist." Er nannte das Stück „brillant gespielt" und fügte noch hinzu: „Miss Page ist in dieser Rolle in Höchstform. Und Paul Newman als junger Mann ist das perfekte Gegenstück dazu. Obwohl er nach außen hin prahlerisch und berechnend auftritt, ist er so unreif wie ein Jüngling; mit unverschämtem Getue, aber ängstlich und reumütig, wenn er aufhört sich zu brüsten." In einem Essay über Williams, das kurz nach der Premiere des Stücks erschien, fuhr Atkinson fort: „Als Mister Williams anfangs zum Theater kam, ging er zärtlich mit seinen Charakteren um. *Die Glasmenagerie* ist ein sanftes Stück; es ist voller Mitgefühl für die Krüppel, die Kranken und die Verlorenen. *Endstation Sehnsucht* erweckte Gefühle der Sympathie für Blanche Du Bois' erschütterndes Unglück … Doch in seine späteren Stücke stürzte sich Mister Williams mit einer gewissen Heftigkeit. *Die Katze auf dem heißen Blechdach*, *Orpheus steigt herab* und *Garden District* sind durchdrungen von Haß – als ob Mister Williams unter einer Art Zwang stünde, seine Zuschauer ebenso wie seine Protagonisten zu bestrafen. Er teilt die Grausamkeit und den Haß seiner Figuren."

„Es gibt aber auch Momente der Wahrheit in *Süßer Vogel Jugend*, wenn die beiden Hauptfiguren sich verstehen … Mister Williams erspart seinen Figuren nichts. Aber er verleiht ihnen dadurch Größe, daß sie in der Lage sind, sich selbst zu erkennen, und er bedauert sie als Menschen, die in der Hölle schmoren, die sie sich selbst ausgesucht haben."

Williams' Geschöpfe Brick Pollitt und Chance Wayne boten Newman die Möglichkeit, herauszustellen, daß er fähig war, beim Publikum Mitleid für Männer hervorzurufen, die es auf den ersten und sogar auf den zweiten Blick eigentlich nicht wert sind. Williams war eine so treibende Kraft im Theater der damaligen Zeit, und Newmans Talent, seine Charaktere zu vielschichtigem Leben zu erwecken, war so groß, daß man annehmen könnte, daß die Beziehung zwischen Schriftsteller und Schauspieler sehr intensiv war. Doch obwohl beide in künstlerischer Hinsicht so viel miteinander zu tun hatten – hinzu kam noch die 1986 entstandene Kinofassung von *Die Glasmenagerie* mit Joanne Woodward, bei der Newman Regie führte –, kannten sie sich privat kaum. Dennoch war Newman zufällig dabei, als eine entscheidende Änderung in *Süßer Vogel Jugend* vorgenommen wurde. Das folgende Zitat macht zudem deutlich, wie sehr ein Stück sich während der Probeaufführungen noch verändern kann. „Ich kannte Williams immer nur als einen Typen, der zu den Proben kam. Meiner Ansicht nach sah er ganz und gar nicht wie ein Dichter aus", sagte Newman 1994. „Das große Problem in *Süßer Vogel* ist natürlich: Wann erhält Chance die Information [daß die Schläger unterwegs sind, um ihn fertigzumachen]? Jeder wußte, daß es am Ende des zweiten Akts passieren sollte, aber keiner wußte, wie man es machen sollte oder wie es passieren würde. Wir kamen nach Philadelphia, und ich glaube, es war 19.42 Uhr, als sie mir zwölf Seiten in die Hand drückten und sagten: ‚So läuft das heute abend, sieh zu, wie du zurechtkommst.'

Und ich sagte: ‚Ihr könnt ihm die Information nicht schon am Ende des ersten Akts geben. Dann könnt ihr den Rest des Stücks nicht mehr spielen. Ihr könnt den zweiten Akt nicht spielen, wenn er das weiß.'

Aber ich habe es dann so gespielt, und natürlich hat es nicht funktioniert. Und [danach] war eine Party, im Haus von jemandem, Gimble hieß er, glaube ich, und Josh Logan war dort … also ich bin nicht ganz sicher, ob das mit *Süßer Vogel Jugend* so genau stimmt. Soweit ich mich erinnere, standen wir jedenfalls alle im Kreis herum und diskutierten, warum dieser Schluß des ersten Akts nicht funktionierte und wie wir Chance diese Information zukommen lassen könnten. Kazan stand dabei und Tennessee und ich und Josh Logan, und Josh sagte: ‚Tom könnte es ihm doch erzählen.' Und jemand antwortete: ‚Das ist verrückt, er soll ihm doch am Ende des Stücks die Eier abschneiden.' Aber Tennessee sagte nur: ‚Ich muß los!'", erzählte Newman mit einem breiten Grinsen, „und stürzte einfach aus dem Raum. Am nächsten Morgen hatten wir den zweiten Akt."

Das Stück lief zweiundvierzig Wochen. In dieser Zeit fanden zwei einschneidende Ereignisse in der Familie Newman statt. Im April 1959, kurz nach der Premiere von

Süßer Vogel Jugend, brachte Joanne Woodward die erste der drei Töchter ihrer Ehe zur Welt, Elinor Theresa, deren Spitznamen Nell Potts war. Dann, im August desselben Jahres, tat „Newmans Glück" wieder etwas für seine Karriere.

Newmans Agent zu dieser Zeit war Lew Wasserman, der bis kurz zuvor als Chief Executive Officer bei MCA gearbeitet hatte, der Muttergesellschaft der Universal Studios, und jahrzehntelang einer der mächtigsten Männer der Filmbranche war. Schon 1959 besaß Wasserman großen Einfluß. Außerdem hatte er ein gutes Gespür dafür, was sein Klient wert war. Als Newman zu ihm kam und klagte, wie frustriert er als Vertragsschauspieler sei und daß er aus dem Vertrag mit Warner Brothers aussteigen wolle, wußte Wasserman eine Lösung. Er schlug Newman vor, Jack Warner anzubieten, sich für 500.000 Dollar aus den verbleibenden Jahren der Sklaverei freizukaufen. Newman hielt Wasserman für verrückt, würde es doch zwanzig Jahre dauern, diese Summe abzuzahlen. „Ich mach das schon", sagte Wasserman zu ihm.

Wasserman wartete auf den geeigneten Moment. Der schien gekommen, als Jack Warner eines Tages schlechter Laune war, da er erwartete, Newman würde Schwierigkeiten wegen seines nächsten Engagements machen. Wie der Fuchs in Äsops Fabel den Raben dazu bringt, den Käse fallenzulassen, so soll Wasserman gesagt haben: „Newman kann sich doch aus seinem Vertrag freikaufen – er wird es sowieso nicht weit bringen."

Warner schluckte den Köder – und das Geld. Im August 1959 unterzeichneten alle Parteien eine Vereinbarung, die besagte, daß Newmans Verbindlichkeiten gegenüber Warner Brothers durch eine Zahlung von 500.000 Dollar abgegolten seien.

Was Newman zu diesem Zeitpunkt noch nicht ahnen konnte, war, daß er nicht einmal zwei Jahre brauchen würde, um die Schulden abzuzahlen. Er wußte nur eins: Er war von Warner Brothers befreit, die zwar, was die Anzahl der Filme angeht, zu den aktivsten Studios gehörten, aber wahrscheinlich das geringste Interesse an der weiteren Karriere ihrer Stars zeigten. Zahlreiche Vertragsschauspieler fielen nach einem vielversprechenden Start schon kurz darauf in ein schwarzes Loch und verschwanden sang- und klanglos von der Bildfläche. Newman war mit Warner Brothers bis zu diesem Zeitpunkt einigermaßen gut gefahren, aber jetzt hatte er seine Karriere selbst in der Hand und konnte sorgfältiger planen. Der Ausstieg aus dem Vertrag bedeutete für ihn sowohl beruflich als auch persönlich eine Befreiung.

Am Ende der Spielzeit von *Süßer Vogel Jugend* begannen Newman und Woodward tagsüber mit den Dreharbeiten zu *Von der Terrasse*, während sie abends weiter am Martin Beck Theater auftraten. Es war ihr dritter gemeinsamer Film, basierend auf einem Roman von John O'Hara, der in epischer Breite von Niederlagen und Fehlschlägen in Liebe, Ehe und Beruf berichtet. Hauptfigur des Films ist Alfred Eaton (Newman), der Sohn einer seelisch zerrütteten Alkoholikerin (Myrna Loy) und eines Millionärs (Leon Ames), der durch den Tod seines ersten Sohnes unfähig wurde, Mitgefühl für andere zu empfinden. Alfreds Beziehung zu seinen Eltern kommt in der Anfangsszene des Films gut zum Ausdruck, als er aus dem Zweiten Weltkrieg zurückkehrt. Seine Mutter ist betrunken, und sein Vater verbreitet so viel Wärme wie ein Wintertag.

„Mein Junge. Endlich zu Hause“, sagt der Vater ohne Gefühlsregung.

„Hallo, Vater.“

„‚Hallo, Vater.‘ Ist das alles nach so langer Zeit?“

„Nein. Da ist noch viel mehr.“

„Ja, das will ich wohl meinen ...“

„Wie war der Krieg?“

„Okay, schätze ich. Wir haben gewonnen.“

Seine Mutter sagt, während sie nach oben ins Schlafzimmer torkelt: „Gute Nacht, Alfred. Schlaf, so lang wie du willst. Und denk daran, morgen kommst du nach Hause. Der heutige Abend hat nie stattgefunden.“

Ein Hausmädchen betritt das Wohnzimmer, in dem er sich allein aufhält, während sein Vater oben seine Mutter anbrüllt.

„Nun, Mr. Alfred“, fragt das Mädchen, „was ist das für ein Gefühl, wieder zu Hause zu sein und Vater und Mutter wiederzusehen?“

„Die Dinge ändern sich nicht, Nellie. Sie werden nur schlimmer.“

Im Zentrum des Films steht jedoch die Beziehung zwischen Alfred und seiner Frau Mary, geborene St. John (Woodward), deren eigene wohlhabende Familie die Eatons als neureiche Niemande ansieht. Am Anfang des Films ist Mary mit einem Psychiater verlobt, der gut zu ihr zu passen scheint, zumindest bis zu der folgenden Szene, in der sie und Alfred allein und völlig versunken sind:

„Alfred, wirst du irgend etwas auf die Beine stellen? Und etwas aus dir machen?“

„Für dich?“

„Ja.“

„Einen Hausstand gründen?“

„Ja.“

„Mit dir?“, fragt er. Als Antwort küßt sie ihn leidenschaftlich.

„Liebst du mich?“, fragt er wieder.

„Oh, ich will dich mehr als alles andere auf der Welt. (Sie küßt ihn immer noch.) Du wirst nie eine andere wollen, solange du lebst.“

Wenn das der Fall gewesen wäre, hätte der Film schon nach der dritten Spule geendet. Stattdessen führen zwei Schauspieler in Hochform den Zuschauern vor, wie der Preis des Erfolges und seine häßlichen Auswirkungen auf die Ehe aussehen. Soll Alfred, der geschäftlich viel auf Reisen ist – was seine Ehe kaputtmacht, aber unerläßlich für seine Karriere und die damit verbundene gesellschaftliche Anerkennung ist –, mit seiner unzufriedenen Frau zusammenbleiben, die bei ihrem alten Liebhaber Trost sucht,

RECHTS
Tagsüber spielte Newman an der Seite von Joanne Woodward die Rolle des Alfred Eaton in *Von der Terrasse*; abends am Broadway verkörperte er Chance Wayne in *Süßer Vogel Jugend*. In den Drehpausen konnten er und Woodward einfach sie selbst sein.

während er unterwegs ist (ein Arrangement, das ihr nicht schlecht gefällt)? Oder soll er den Kampf um soziale Anerkennung aufgeben und mit einem süßen Kleinstadt-Mädchen (Ina Balin) zusammenziehen, das er auf einer seiner Reisen kennenlernt und das ihn so liebt, wie er ist? Woodward ist wunderbar als sinnliche und selbstsüchtige Ehefrau. Newman verleiht seiner Figur – einer Mischung aus verletztem Sohn, der zwanghaft versucht, seinen Vater in geschäftlicher Hinsicht zu übertreffen, und betrogenem Ehemann – dennoch einen anständigen und starken Charakter, so daß die Botschaft des Films, man solle sich selbst treu bleiben, plausibel vermittelt wird.

Als *Exodus* im Dezember 1960 herauskam, fünf Monate nach *Von der Terrasse*, sahen die Zuschauer Newman erstmalig in einer echten Heldenrolle. Er spielte Ari Ben Canaan, Separatistenführer des jüdischen Untergrunds in Palästina und führender Kopf bei der Durchführung der Flucht von sechshundert Juden auf dem Seeweg vom britisch be-

In *Von der Terrasse*. Woodward als die sinnliche, selbstsüchtige Mary St. John und Newman als Alfred Eaton, der seinen beruflichen Erfolg mit dem Scheitern seiner Ehe bezahlt.

setzten Zypern ins Gelobte Land Palästina. Das dreieinhalbstündige Spektakel über die Geburt des Staates Israel in den Jahren 1947–48, in Super-Panavision und Technicolor gedreht, basiert auf Leon Uris' gleichnamigem Roman von Dalton Trumbo. Regisseur Otto Preminger arbeitete mit einer Starbesetzung: Eva Marie Saint, Ralph Richardson, Lee J. Cobb, Peter Lawford, Sal Mineo und Hugh Griffith. Newman als klarer Siegertyp ist auf eine konventionelle Weise gut, aber den Part des Ari hätte jeder gutaussehende Schauspieler spielen können. Im Vergleich mit anderen Filmen Newmans zeigt *Exodus*, daß seine wahre Stärke in der Darstellung von komplexeren Persönlichkeiten liegt, die, zumindest auf den ersten Blick, keine Helden sind.

Der Film wurde in Israel gedreht, also packte die gesamte Familie Newman ihre Koffer. Alle kamen mit, wie es normalerweise bei ihnen üblich ist. Newman und Woodward waren nur selten über längere Zeit getrennt, „was wir Joannes Intelligenz und meiner Hartnäckigkeit verdanken", meint er. „Sie hatte viele Möglichkeiten, allein ins Ausland oder zu Dreharbeiten zu fahren, und sie hat diese Angebote abgelehnt, um bei mir zu bleiben. Das war zwar für ihre eigene Karriere von Nachteil, fürchte ich, aber uns hat es geholfen zusammenzubleiben."

Obwohl Woodward bei ihm sein konnte und seine Gage 200.000 Dollar pro Film betrug, war die Arbeit an *Exodus* alles andere als ein Vergnügen. „Frostig", lautet Newmans Resümee. Ein Grund dafür war, daß nur wenige Stars und Regisseure so schlecht harmonieren wie Newman und Preminger. Newman diskutiert immer gern über Details seiner Rolle, während Preminger verlangt, daß die Schauspieler einfach tun, was ihnen gesagt wird. Als Newman einmal, wie verlautet, Preminger mehrere Seiten mit Vorschlägen zu Ari übergab, sagte Preminger leichthin, sie seien „sehr interessant" und entließ ihn mit den Worten: „Wenn Sie der Regisseur wären, würden Sie es so machen. Da ich aber der Regisseur bin, werde ich es nicht so machen."

Vielleicht schrieb deshalb ein Kritiker: „Ari Ben Canaan, der herausragende Held, eindrucksvoll, wenn auch viel zu gefällig gespielt von einem immer glattrasierten Paul Newman, ist ein ausgesprochen tapferer Kerl, den man gern um sich hat. Er ist schnell und sicher in seinen Befehlsentscheidungen, aber es ist schwer auszumachen, wo er eigentlich steht und was ihn als Person von jedem anderen Mann unterscheidet, der sich instinktiv zu Eva Marie Saint hingezogen fühlen würde." Dennoch drängten die Zuschauer in die Kinos, um *Exodus* zu sehen. Der Film wurde einer der größten Kassenerfolge Newmans zu jener Zeit.

Wie unglücklich er auch während der Dreharbeiten von *Exodus* gewesen sein mag, so war dies doch eine sehr erfolgreiche Zeit für ihn. Newman hatte seine Unabhängigkeit, seine Gagen waren in die Höhe geschnellt, und er war außerordentlich beliebt. Künstlerisch gesehen war *Exodus* vielleicht kein so glücklicher Start in ein neues Jahrzehnt, aber die sechziger Jahre hielten viele unvergeßliche Rollen für ihn bereit. Neben

Wie so oft, wenn ein Schauspieler mit seiner Rolle gleichgesetzt wird, war manch einer überrascht, der Newman beim Poolbillard nach den Dreharbeiten von *Haie der Großstadt* beobachtete: Er war längst nicht so gut wie Fast Eddie Felson.

Newmans vier H-Rollen – in *The Hustler* (*Haie der Großstadt*, 1961), *Hud* (*Der Wildeste unter Tausend*, 1962), *Harper* (*Ein Fall für Harper*, 1966) und *Hombre* (*Man nannte ihn Hombre*, 1966) – sind *Der Unbeugsame* (1966), *Zwei Banditen* (1968) und, nicht zu vergessen, sein Debüt als Regisseur mit *Die Liebe eines Sommers* (1968) zu nennen.

Haie der Großstadt ist ein Film, der aus der Kinoszene nicht mehr wegzudenken ist und über den sogar Leute sprechen, die ihn gar nicht selbst gesehen haben. Außerdem spielt Newman hier seine erste unverwechselbare „Newman-Rolle". Newman *ist* Fast Eddie, und kein anderer könnte das jemals sein. Seine vollständige Identifizierung mit ihm hat auch *Die Farbe des Geldes*, wo Fast Eddie erneut auftaucht, so bewegend und erfolgreich gemacht; dieser Film war weniger eine Fortsetzung als der direkte Wiedereinstieg in ein Leben, nachdem fünfundzwanzig Jahre vergangen waren. Am bemerkenswertesten ist vielleicht, daß Eddie Felson nur eine von mindestens vier Rollen Newmans in den sechziger Jahren ist, die gleichsam als Synonym für ihn stehen – Harper, Cool Hand Luke und Butch Cassidy sind die anderen.

Eine der großen Stärken des Films ist der Dialog, der von Regisseur Robert Rossen und Sidney Carroll geschrieben wurde. Jackie Gleason als Minnesota Fats, Piper Laurie als verkrüppelte Sarah Packard und George C. Scott – der, wie ein Kritiker es ausdrückte, den Spieler Bert Gordon darstellt, „als ob der Teufel selbst sich die Sonnenbrille aufgesetzt und sich in einem verkommenen Billardsalon niedergelassen hätte" – führen die Zuschauer durch die dunkelsten Bereiche des Lebens, in einer packenden Geschichte über Gier, Bosheit und die brutale Wirklichkeit. Erst am Ende deutet sich die Erlösung an.

Was Newman an Eddie wie an Chance Wayne besonders interessierte, war das, was er den „Bestechlichkeitsgrad" eines Menschen oder einer ganzen Nation nennt. Beide sind Männer, in denen der Samen der Korruption aufgeht, und es faszinierte Newman zu ergründen, wie und warum das passiert. Es ist seine Stärke, das Kaleidoskop von Spannungen und Einflüssen zu beleuchten, denen Leute ausgesetzt sind wie Reggie Dunlop, der alternde Hockey-Trainer in *Schlappschuß*, oder Frank Galvin, der alkoholkranke Anwalt in *The Verdict – Die Wahrheit und nichts als die Wahrheit*, oder der abgestumpfte und bigotte Walter Bridge. Anders als Brando oder Dean, die meisterhafte Darstellungen von epochemachenden Figuren wie Terry Malloy, dem Ex-Berufsboxer in *Die Faust im Nacken*, und Jim, dem jugendlichen Straftäter in *... denn sie wissen nicht, was sie tun*, lieferten, ist Newman in den Filmen am besten, in denen er Durchschnittsmenschen spielt, hinter deren netter Fassade sich unerwartete Abgründe auftun.

Obwohl er damals nichts auszusetzen hatte, war Newman in späteren Jahren mit seiner Darstellung des Fast Eddie unzufrieden. Etwa zwanzig Jahre, nachdem er den Film gemacht hatte, sah er sich einige Ausschnitte an, und ihm „fiel auf, daß ich viel zu bemüht war, zum einen, weil ich meinem eigenen Talent nicht traute, und zum anderen, weil mir nicht klar war, daß allein die Sache an sich, die man da tut, den Zuschauern völlig ausreicht."

George C. Scott teilte Newmans Selbsteinschätzung. Nach der Premiere des Films sagte er in Interviews, er sei von Newmans Schauspiel alles andere als beeindruckt. Nach außen hin konnte Newman das nicht erschüttern.

„Ich selbst war auch nicht gerade begeistert", erklärte er 1983. „Ich war viel zu angestrengt, habe viel zu viel gezeigt" – ein Vorwurf, den er Scott nie machen würde. „Er ist elektrisierend, unberechenbar, mit einem wunderbaren Sinn für Bedrohung und Gefahr, was für seine Rolle in *Haie der Großstadt* besonders von Vorteil war. Kürzlich spielte er am Broadway in einem leichten Unterhaltungsstück von Noël Coward, und es traf mich wie ein Blitz, wie abstoßend und wunderbar er war. Er war der falsche Mann in der falschen Rolle, aber er hat es absolut *richtig* gemacht."

Newman bekam für *Haie der Großstadt* seine zweite Oscar-Nominierung als bester Schauspieler, aber der Oscar ging schließlich an Maximilian Schell für *Das Urteil von Nürnberg*. Daß er mit übertriebener Anstrengung an seine Rolle herangegangen war, wollte er auch in den folgenden Jahren noch nicht wahrhaben. Und im Erscheinungsjahr hatte er sehr auf einen Gewinn gehofft.

„Das hat mich damals sehr verletzt. Ich fand, der gute Fast Eddie war eine ziemlich originelle Figur", sagte er 1968. Paul war nach der Oscar-Verleihung enttäuscht und fuhr direkt nach Hause – nach Beverly Hills, wo die Newmans in jenen Jahren lebten. Doch die Enttäuschung war schnell überwunden. „Joanne war die perfekte Therapeutin. Sie nahm meine Hand und zog mich nach draußen in die Garage. Dort hatten wir ein kleines Versteck, weit weg von der Familie. Sie sagte: ‚Wir werden da draußen ein bißchen Kaviar und etwas Champagner zu uns nehmen und uns im Fernsehen eine ganz schlechte Sendung ansehen.' Zum Fernsehen sind wir dann allerdings nicht mehr gekommen."

Newman wurde sechsmal für den Oscar nominiert, bis er beim siebten Mal endlich gewann: 1986 bekam er den Oscar für *Die Farbe des Geldes*. Er erfuhr davon wie der Rest der Welt, nämlich aus dem Fernsehen, zu Hause in New York. „Ich bin sechsmal hingegangen und habe verloren", begründete er seinen Entschluß, zu Hause zu bleiben. „Vielleicht gewinne ich ja, wenn ich wegbleibe."

Im Jahr zuvor war ihm ein Oscar ehrenhalber für seine hervorragende, aber dennoch bis dahin „oscarlose" Filmkarriere und „für seine persönliche Integrität und seine beruflichen Verdienste" verliehen worden. Um ein Haar hätte er ihn abgelehnt. „Er sagte, man habe ihn immer zweitrangig behandelt", erzählte Newmans Freund Irving I. Axelrad der *New York Times*, „und jetzt gab man ihm das Gefühl, er gehöre zum alten Eisen."

Newmans einziger öffentlicher Kommentar war, er hätte den Preis lieber für eine bestimmte Arbeit bekommen. „Das hätte meine große Stunde werden können", witzelte er. „Als Siebenundachtzigjähriger, dem seit 1952 der Oscar verwehrt wurde, hätte ich mich auf einer Bahre auf die Bühne tragen lassen. Dann hätte ich meine schrumpelige Hand ausgestreckt, mir den Oscar geschnappt und gegackert: ‚Endlich! Vielen Dank!'"

In Chicago, wo er gerade *Die Farbe des Geldes* drehte, nahm er den Preis an. „Ich bin besonders dankbar dafür, daß er nicht in eine Geschenkurkunde eingewickelt nach Forest Lawn gekommen ist", sagte er in seiner Dankesrede. „Ich hoffe, daß meine beste Arbeit erst noch kommt, daß sie vor mir liegt und nicht hinter mir." *Die Farbe des Geldes*, *Mr. & Mrs. Bridge*, *Die Schattenmacher* und *Nobody's Fool – Auf Dauer unwiderstehlich* haben das neben anderen Filmen hinreichend bewiesen.

Sich solche Rollen auszusuchen und um so ausgefallene Figuren wie Walter Bridge zu kämpfen, die neu und speziell, keine typischen „Paul-Newman-Rollen" sind, ist eine Herausforderung für Newman wie für jeden anderen Schauspieler, der eine denkwürdige Figur schafft und dann ähnliche Drehbücher körbeweise zugeschickt bekommt. Filme kosten Millionen von Dollar, und Hollywood versucht, seine Investitionen durch ein größtmögliches Maß an Absicherung zu schützen. Auch wenn Newman gerne Hud, Harper und Cool Hand Luke gespielt hatte und ihren Erfolg genoß, war er sich dennoch bewußt, daß die Charaktere sich ähnelten und seine Darstellungsweise sich wiederholte.

Willie Mosconi, einer der großen Poolbillard-Spieler, bringt Newman die Technik bei, die dieser für seine Rolle als Eddie Felson in *Haie der Großstadt* brauchte.

„Nur wenige Schauspieler können sich dem entziehen", sagte er kurz vor der Premiere von *Zwei Banditen*. „Nur die ganz großen Schauspieler haben eine unerschöpfliche Bandbreite. Bei Brando ist das so, wenn er wirklich voll da ist, wenn er Interesse hat, wenn er mit Leib und Seele dabei ist. Und so ist es auch bei Olivier und bei Guinness. Und bei meiner Frau Joanne. Aber bei mir ist es anders. Mir geht die Luft aus. Wo ich auch hinschaue, ich finde immer Rollen, die an Luke oder Hud oder Fast Eddie erinnern. Guter Gott, ich habe diese Rollen einmal und manche davon mehr als einmal gespielt. Es ist nicht nur gefährlich, sich zu wiederholen, es ist auch verdammt langweilig."

Aber Schauspieler können nur die Rollen spielen, die ihnen angeboten werden, und dann müssen sie sich selbst in der jeweiligen Rolle wiederfinden. Newman lehnte die Hauptrolle in *All That Jazz* ab, weil er damals nicht daran geglaubt hatte, daß der Regisseur Bob Fosse so viel daraus machen würde. Regelmäßig lehnt er Rollen ab, die seiner Meinung nach sinnlose Gewalt beinhalten, und so nahm er auch das Angebot für die sehr populäre Action-Komödie *Auf der Jagd nach dem grünen Diamanten* nicht an.

The Verdict – Die Wahrheit und nichts als die Wahrheit (1982) sollte ursprünglich mit Robert Redford in der Hauptrolle gedreht werden. Erst als Redford ausstieg (ihm gefiel nicht, daß der hervorragende, aber vom Pech verfolgte Anwalt Frank Galvin so viele unangenehme Seiten hat), bot man Newman die Rolle an, der sie sofort annahm. Gerade Galvins Zerrissenheit sagte ihm zu, weil sie ihm erlaubte, in eine ganz neue Haut zu schlüpfen. „Zum ersten Mal seit langem konnte ich etwas anderes spielen als Paul Newman, der Paul Newman spielt", meint er dazu. Statt dessen lieferte er das bewegende Porträt eines Ehrenmannes, mit krächzender Stimme und schwer gezeichnet von den Spuren des Alkohols, der nach dem rettenden Strohhalm greift.

Leider, betont Newman, finde man solche Rollen äußerst selten. „Wenn ein Schauspieler auf wirklich gute Drehbücher warten würde, dann könnte er vielleicht alle drei oder vier Jahre arbeiten ... Ich glaube, die meisten meiner Filme waren ziemlich gut, aber ... besonders in den letzten Jahren ... habe ich in meinen Rollen nicht die Originalität gefunden, die ich gesucht habe. Tiefe und Detailgenauigkeit, ja, aber nicht allzu viel Originalität."

In den letzten zwölf Jahren hat Newman sich mehr Zeit gelassen, hat lieber, wenn nötig, drei oder vier Jahre auf die richtige Rolle gewartet und konnte dadurch mehr spielen als nur „heruntergekommene Wüstlinge", wie er sie bezeichnet. So vergingen nach der Rückkehr von Eddie Felson in *Die Farbe des Geldes* drei Jahre, bis der lebenslustige Earl Long in *Blaze – Eine gefährliche Liebe* auf der Bildfläche erschien, unmittelbar gefolgt von einem rücksichtslosen Gewinnertyp mit stahlhartem Blick und rauher Stimme, General Leslie Groves, unnachgiebig, unsympathisch und absolut von sich eingenommen in *Die Schattenmacher*. Zwei Jahre dauerte es, bis Newman den Walter Bridge in *Mr. & Mrs. Bridge* spielte, und weitere vier Jahre wartete er auf die Rolle des schlitzohrigen Geschäftsmannes Sidney J. Mussberger in *Hudsucker – Der große Sprung* (1994). Immerhin folgten unmittelbar darauf Donald „Sully" Sullivan und *Nobody's Fool – Auf Dauer unwiderstehlich*.

Newman ist der Ansicht, daß ein Schauspieler ein Gleichgewicht zwischen Leben und Arbeit halten muß, und er glaubt, daß er dies nicht so gut wie andere geschafft habe. In diesem Zusammenhang betont er die Hochachtung, die er für Schauspieler wie George C. Scott empfindet. In besonderem Maße aber beneidet er Laurence Olivier: „Wenn ich jemanden um etwas beneide, dann nicht so sehr um seine Art zu spielen, sondern um seine Art zu leben. Bei ihm [Olivier] hatte ich immer das Gefühl, daß er sein Leben zwischen Bühne und Leinwand im Gleichgewicht hielt, denn seine Persönlichkeit oder seine Phantasie schien aus so vielen Facetten zu bestehen, aus denen er schöpfen konnte. Diese Möglichkeiten hat er niemals ausgereizt. Er hat mehr riskiert. Ich dagegen habe immer das Gefühl, daß ich mich sehr schnell verausgabe. Meine Fähigkeit als Schauspieler, etwas Neues zu schaffen, scheint schon nach kurzer Zeit erschöpft zu sein. Ich ertappe mich in manchen Filmen dabei, wie ich in Verhaltensmuster verfalle, die früher einmal gut ankamen. Wenn man merkt, daß man sich mit früheren Erfolgen zufriedengibt, dann ist das unbefriedigend. Unbewußt schleicht sich ein Gefühl der Ablehnung oder Langeweile ein, das die eigene Einstellung zu der Sache beeinträchtigt."

Eine noch größere Herausforderung, als gute Rollen zu finden, besteht für Newman darin, auch den schwächsten Rollen etwas Besonderes zu verleihen. „Ein Schauspieler sucht und findet in so vielen verschiedenen Dingen Befriedigung", erklärt er. „Wenn man unter Vertrag steht und aus einem furchtbaren Drehbuch wenigstens etwas Mittelmäßiges macht, dann kann man sagen: ‚Das ist eine große Leistung.' Und es ist tatsächlich keine geringere Leistung, als einen Film wie *Haie der Großstadt* zu machen, der auf einem wunderbaren Drehbuch basierte und eine großartige, schlüssige und tiefgründige Rolle bereithielt. Diese Rolle war so gehaltvoll, daß ich jeden Tag im Studio vor mich hinmurmelte: ‚Ich wüßte fünf verschiedene Arten, wie ich das spielen könnte.' Genau deshalb hat es auch riesigen Spaß gemacht, den Harper zu spielen – eine Figur, die meinen ganzen schauspielerischen Erfindungsreichtum aufnehmen konnte."

Leider war dies bei dem Posaunisten Ram Bowen, den Newman in *Paris Blues* (1960) spielte, nicht der Fall. Ram und sein Kumpel Eddie Cook (Sidney Poitier), zwei ungebundene Jazzmusiker aus Amerika, lernen zwei Frauen (Joanne Woodward, Diahann Carroll) aus einem amerikanischen Provinznest kennen, die ihren Urlaub in Frankreich verbringen. Fast gelingt es den beiden Frauen, die Jungs vor den Traualtar zu schleppen, doch am Schluß äußert Bowen den ganz besonders albernen Satz: „Baby, meine Liebe gehört der Musik, morgens, abends und auch nachts. Kapiert?" Die Musik – zu den Musikern gehört auch Louis Armstrong – ist auch wirklich das Beste am Film.

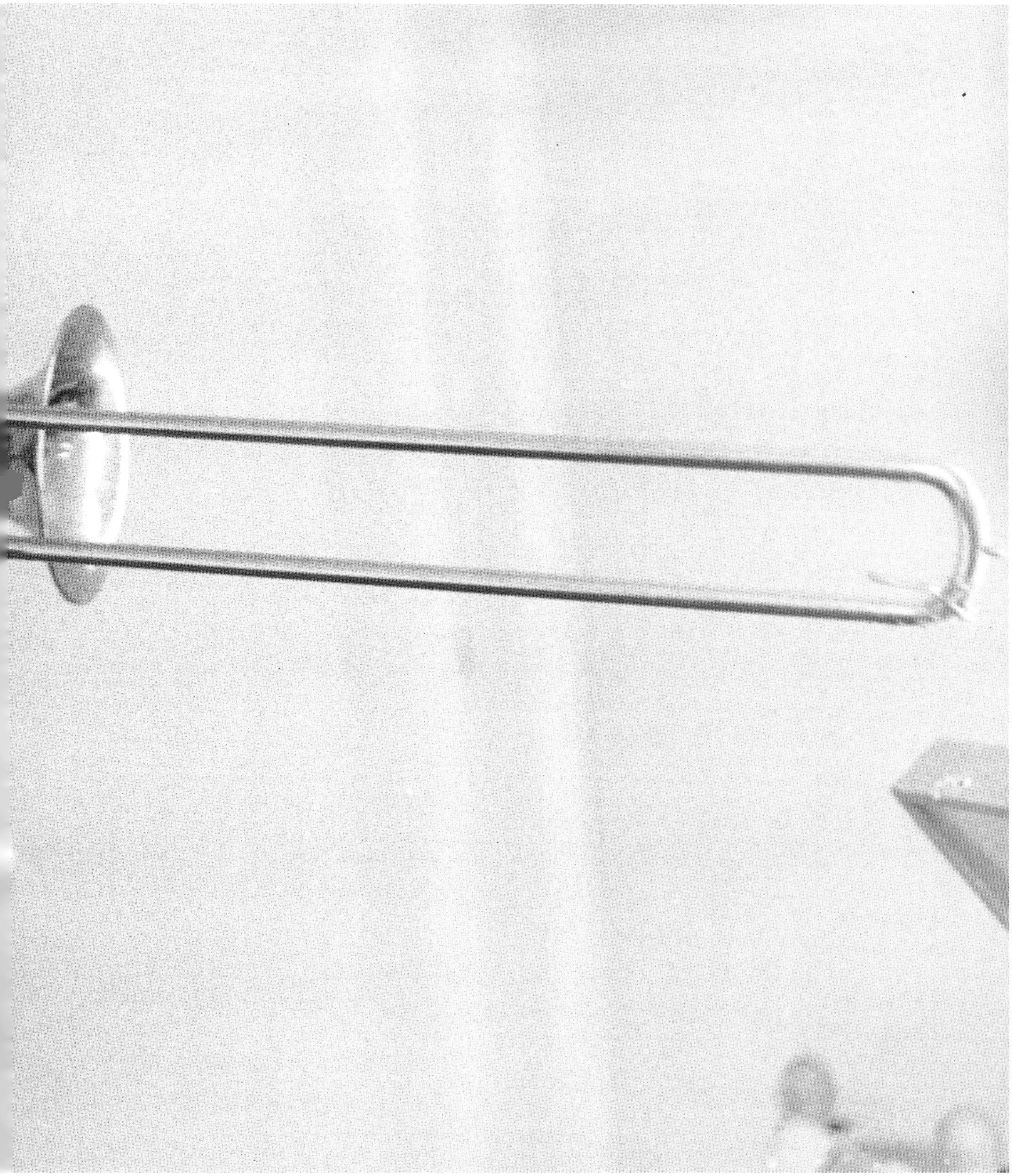

Als Ram Bowen in *Paris Blues* (1960) spielt Newman einen Musiker, der Lillian Corning (Joanne Woodward) liebt, sich aber noch mehr dem Jazz verbunden fühlt. Nach Drehschluß sah dies allerdings etwas anders aus.

Weil sie das Inseldasein in Hollywood und die Einmischung der Öffentlichkeit und der Presse in ihr Eheleben leid waren, verließen Newman und Woodward mit ihren beiden Töchtern Elinor und Melissa 1962 ihr Haus mit Garten und Swimmingpool in Beverly Hills und zogen in ein zauberhaftes Bauernhaus aus dem Jahre 1736. Dieses liegt auf einem mehrere Morgen großen Waldgrundstück am Aspetuk River in Westport, Connecticut und ist etwa 90 Autominuten von Manhattan entfernt. Im Laufe der Jahre hat Newman auf diesem Grundstück einen Abflußkanal gebaut, den man mittels einer gewölbten Hängebrücke überquert. Diese sieht aus wie eine winzige grüne Golden-Gate-Brücke – er nennt sie „Newmans Narretei".

Auf der anderen Seite der Brücke steht eine alte umgebaute Scheune, eine Kombination aus Vorführ-, Unterhaltungs- und Privatraum, angefüllt mit Photographien und anderen Erinnerungsstücken. Über dem großen Kamin hängt ein riesiges Gemälde von Newman als Buffalo Bill, aus seinem Film *Buffalo Bill und die Indianer* (1976). Ein nahegelegenes Haus, etwa zur gleichen Zeit erbaut wie das Wohnhaus, dient als Gästequartier. Kurz nachdem sie das Grundstück bezogen hatten, hatte Newman durch Dritte bei den damaligen Besitzern des anderen Hauses höflich angefragt, ob sie vielleicht eines Tages verkaufen wollten. Wenn ja, würde er es gern kaufen, damit nicht ein anderer Käufer möglicherweise das angrenzende Waldstück abholzen und somit ihre Privatsphäre einschränken würde. Die Besitzerin stellte sich als gestrenge ältere Dame heraus. Ihre Reaktion war ein geringschätziges „Ist er nicht im Showbusineß?" Mit der Zeit freundete sie sich aber trotzdem mit den Newmans an, und vor ein paar Jahren wurde der Kauf besiegelt.

Joanne Woodward erhielt 1957 den Oscar als beste Schauspielerin für ihre Darstellung einer jungen Frau mit multipler Persönlichkeit und drei verschiedenen Leben in *Eva mit den drei Gesichtern*. Danach wurde sie noch dreimal für den Oscar nominiert, davon zweimal für Filme, die sie zusammen mit ihrem Ehemann gemacht hatte – *Die Liebe eines Sommers* (1968), bei dem Newman Regie führte, und *Mr. & Mrs. Bridge* (1989), in dem er die männliche Hauptrolle spielte.

Das Haus bot nicht nur den drei Newman-Woodward-Töchtern genug Platz, sondern auch Newmans anderen drei Kindern, von denen eins einen Namen für das Haus fand. „Als wir das Haus kauften und aus Los Angeles zurückkamen, hatte ich die älteren Kinder eine ganze Weile nicht gesehen", erzählte Newman. Wir haben es ihnen beschrieben, und sie meinten: ‚Mensch, das klingt ja toll.' Wir hatten schon über einen Namen nachgedacht, und

Newman und sein „Noscar" für *Die Hölle ist in mir*, der ihm von den anderen Schauspielern und den Mitgliedern der Crew überreicht wurde. Er wurde achtmal als bester Schauspieler nominiert, aber für die Academy of Motion Picture Arts and Sciences scheint er kein echter Anwärter gewesen zu sein.

Suzie, die zu der Zeit etwa neun Jahre alt gewesen sein muß, sagte: ‚Es klingt so, als ob es da eine Menge Nischen und Winkel gibt. Wir könnten es doch einfach das Winkel-Haus nennen.' Ich sagte: ‚Gut, dann heißt es eben Winkel-Haus.'"

Zum Mobiliar gehörte unter anderem das riesige Metallbett, das Paul und Joanne während der Dreharbeiten zu *Der lange, heiße Sommer* in New Orleans gekauft hatten, ein Gerät, das Tennessee Williams einmal als Stück aus einem Bordell des vorigen Jahrhunderts bezeichnet hat. „Man könnte bequem zu dritt darin schlafen", sagte Newman nach dem Umzug. „Wir denken, es muß früher in einem Puff gestanden haben; warum sonst sollte das Bett so breit sein."

Die Newmans kauften zusätzlich eine Maisonette-Wohnung in Greenwich Village, die sie mit amerikanischen Antiquitäten möblierten. Auf dem Kaminsims standen der Oscar, den Woodward als beste Schauspielerin des Jahres 1957 erhalten hatte, und sein „Noscar" für *Die Hölle ist in mir*, der ihm von den anderen Schauspielern und den Mitgliedern der Crew überreicht worden war, weil sie fanden, er hätte ihn für seine Rolle als Rocky Graziano verdient (Newman war nicht einmal nominiert worden; den Oscar erhielt Yul Brynner für *Der König und ich*).

Einer der Beweggründe für den Umzug an die Ostküste war, daß sie versuchen wollten, die Verhältnismäßigkeit in ihrem Leben nicht aus den Augen zu verlieren. „Du machst plötzlich mehr Geld, als du dir je vorstellen konntest. Als erstes kaufst du dir ein Haus, das so groß ist, daß sogar die Zimmer noch Zimmer haben. Deine Kinder haben ihre eigenen Kindermädchen ... Dann kommt der 15. April, und das Finanzamt will 200.000 Dollar Einkommensteuer von dir. Du rufst deinen Agenten an, und die einzigen Drehbücher, die zu haben sind, sind echt Mist. Natürlich nimmst du sie an. Entweder das, oder du feuerst ein paar Kindermädchen."

In *Sie möchten Giganten sein* (1970) – ein Film, in dem er auch Regie führte und der zu seinen besten gehört, wenn er auch nur wenig Beachtung fand – spielt Newman die Rolle des Hank Stamper, Mitglied einer Familie von ruppigen Einzelgängern mit Henry Fonda als Familienvater. Die Entschlossenheit der Stampers, ihren Familienbetrieb als Holzfäller so weiterzuführen, wie sie es schon immer getan haben, kollidiert mit den Erfordernissen der neuen Zeit. Ihre Weigerung, sich dem Streik gegen die Holzfabrik anzuschließen, an die alle Holzfäller verkaufen, schwächt die Verhandlungsposition der anderen. An einem Punkt im Film macht Willard Eggleston, dem das örtliche Kino gehört, Hank klar, daß die trotzige Haltung der Stampers die anderen Holzfäller und auch ihn selbst in den finanziellen Ruin treibe, und droht mit Selbstmord. Als Hanks Frau Viv (Lee Remick) ihn fragt, was er von Willards Bitte halte, antwortet er beiläufig: „Ich halte nicht viel von Willard Eggleston. Er ist im Showbusineß."

Der Weggang der Newmans aus Hollywood könnte den Gedanken nahelegen, daß auch sie nicht viel von den Leuten im Showgeschäft hielten. Tatsächlich wollten sie nur, daß ihr tägliches Leben weniger davon beeinflußt würde. „Mich interessiert es sogar sehr, was die Leute im Showbusineß zu sagen haben. Aber daß es mich interessiert, heißt noch lange nicht, daß ich auch mitmischen muß", bemerkt Newman, anfangs nachdenklich, dann lachend. „Ich glaube, ich bin den meisten Fallstricken aus dem Weg gegangen. Wie sagt Kim [Stanley] so schön in *Picknick*? Sie sagt: ‚Alan, mein Liebling, ich habe dich immer gern gehabt.' Und er stottert herum. Da sagt sie: ‚Ich erwarte nichts. Ich wollte nur, daß du es weißt.'

Natürlich liegen mir die Leute am Herzen. Es gibt eine ganze Menge begabter und engagierter Leute beim Film, und sie leben überall – manche in Chicago, manche in Hollywood. Hollywood ist nur deshalb eine Falle, weil die Stadt so einseitig ist. Und wenn du einmal in diesen Strudel geraten bist [wirst du verschluckt]. Aber es gibt noch so viele andere Sachen, die das Leben aufregend machen können. Ich glaube, sonst hätte ich nicht mit dem Rennsport angefangen, und ich hätte mich wohl auch in den Sechzigern nicht so intensiv mit der Politik beschäftigt. Aber das geht nur, wenn man nicht in Kalifornien ist: Nur außerhalb Kaliforniens gelingt es einem, sich selbst nicht so ernst zu nehmen, sich selbst den Luxus zu erlauben, nichts von all dem so ernst zu nehmen. Denn nur dann kann man ein Salatdressing auf den Markt bringen, die Kunden damit ausbeuten, und das mit einem Lächeln auf den Lippen ..." Wie er es auch jetzt zeigt. „Der Slogan der Firma lautet nämlich: ‚Schamlose Ausbeutung im Interesse der Allgemeinheit'. Der Spruch ist doch wirklich gut.

Joanne hat mir in dieser Hinsicht sehr geholfen. Ich glaube, ihr ist das auch schon sehr früh aufgefallen. Unsere Anfangszeit in New York war echt aufregend. Eigentlich bin ich kein großer Nostalgiker, aber ich ich muß zugeben, an diese Zeit erinnere ich mich gern zurück. Wir haben damals Neuland betreten, und alles um uns herum schien zu pulsieren. Inzwischen ist es wohl die Gewohnheit, die einen hier bleiben läßt, und weil man eine Menge Freunde hier hat."

Als Newman als junger Schauspieler in New York anfing, fuhr er auf einem Motorroller durch die Stadt, weil es einfach praktisch war: Man kam schneller voran. Später fuhr er dann einen Volkswagen, der leicht zu parken war. Aber damals war New York noch eine andere Stadt: Die Straßen waren keine Kriegsschauplätze, der Central Park

Chance Wayne (Newman) und Alexandra del Lago (Geraldine Page) in der Filmfassung von *Süßer Vogel Jugend* (1961), zwei Träumer mit schönen Körpern, aber schwarzen Seelen.

war zu jeder Tages- und Nachtzeit sicher, und die Kinder waren unbewaffnet. Selbst wenn es hart auf hart kam, gab es noch Grenzen, anders als heute. „Man konnte nachts zu Fuß nach Hause gehen", erinnert er sich mit einer Spur von Wehmut. „Joanne konnte vom Theater nach Hause laufen. Ich kann mich noch an Schlägereien im College erinnern, wo niemand irgend etwas in der Tasche hatte. Es ist unglaublich, wie schnell die Gewalt zunimmt – eine Entwicklung, die nicht aufzuhalten ist."

1961 war das Jahr der Remakes für Newman. Zuerst wiederholte er seine Rolle aus dem Fernsehspiel *Der Kämpfer* in einer Filmversion mit dem Titel *Hemingways Abenteuer eines jungen Mannes*, und danach drehten er und Geraldine Page (ihre Rolle war nun umbenannt in Alexandra del Lago) und fast die gesamte Broadway-Besetzung eine zurechtgestutzte Version von *Süßer Vogel Jugend*, für die Newman 350.000 Dollar erhielt.

Von Syphilis ist in der Filmfassung nicht mehr die Rede, Chance wird verprügelt statt kastriert, und als Entschädigung darf er mit seiner Schauspielerin nach Hollywood, wo Ruhm und Ehre warten. Trotz dieser Änderungen bleibt Williams' Intention

erhalten, und Newman erklärt, philosophisch und zutreffend: „Man muß sich mit dem Gedanken abfinden, daß das Theaterstück schwer zu verfilmen ist und daß es keinen Sinn macht, sich mit einigen Aspekten aus dem Stück abzuplagen. An der Hauptfigur hatte sich überhaupt nichts verändert, nur die Umstände waren anders." Seine Darstellung fand er „nicht schlecht".

Hud in *Der Wildeste unter Tausend* (1962) bleibt eine von Newmans charakteristischen Figuren; die Rolle brachte ihm seine dritte Oscar-Nominierung als bester Darsteller ein. Die Geschichte, nach einem Roman von Larry McMurtry, ist ein Moralstück ersten Ranges, das Vater gegen Sohn, Rechtschaffenheit gegen Selbstsucht und die Bedeutung der Gesellschaft gegen die blinde Begierde des einzelnen stellt. Der Konflikt ist so elementar, daß es aussieht, als hätte Eugene O'Neill seine Charaktere von New England nach Texas geschickt.

Im Zentrum des Films steht die Frage, welche Haltung den weiteren Lebensweg des siebzehnjährigen Jungen (Brandon de Wilde) letztlich bestimmen wird. Die seines alternden Großvaters Homer (Melvyn Douglas), eines unbescholtenen Mannes mit Prinzipien, der trotz seiner persönlichen Erschütterung die Viehherde, sein Lebenswerk, in eine Grube treiben und erschießen läßt, weil sie mit der Maul-und-Klauen-Seuche infiziert ist? Oder die seines Onkels (Newman), eines Mannes, dessen rauher Charme hin und wieder seine grobe Arroganz und Verachtung für andere überdeckt und der die Tiere verkaufen will, bevor Untersuchungen den Verdacht der Infektion bestätigen können?

Das Thema des Films wird in einem simplen Dialog umrissen. Hud hat ein paar Bussarde geschossen, die über dem Kadaver eines Kalbs kreisten, das zu Beginn des Films auf mysteriöse Weise umgekommen war. Diese Tiere stehen unter gesetzlichem Schutz, weil sie für das Land von Nutzen sind. Hud erklärt seinem Vater: „Ich sage immer, das Gesetz kann man vielseitig auslegen. Und genau so mache ich es. Manchmal halte ich es mit der einen Seite, und manchmal mit der anderen." „Ich möchte nicht, daß das Gesetz auf meinem Land gebrochen wird, Hud", entgegnet Homer ruhig. Die Entscheidung, vor die der Junge gestellt wird, und die grundsätzliche Bedeutung des Themas wird auch im folgenden Dialog deutlich: „Schritt für Schritt verändert sich das Gesicht des Landes durch die Männer, die wir bewundern." Huds Meinung dazu: „Wie viele aufrechte Männer kennst du? Wenn du die Sünder von den Heiligen abziehst, hast du Glück, wenn am Ende Abraham Lincoln übrigbleibt."

Hud glaubt, die Zuneigung seines Vaters verloren zu haben, als er fünfzehn Jahre zuvor einen Autounfall verursachte, bei dem sein älterer Bruder ums Leben kam, und benutzt dies als Vorwand für seine Haltung. Doch dann muß er sich folgendes anhören: „Nein, mein Junge, ich war schon lange vorher mit dir fertig ... Dir ist alles egal. Du hast vor nichts Achtung ... Du lebst nur für dich, und deshalb kann man mit dir nicht zusammenleben."

LINKS
Was das Trinken und Kämpfen, das Viehtreiben und Schweinefangen angeht, ist Hud Bannon sehr begabt. Im Umgang mit Menschen erinnert er jedoch eher an das, was er hier hinter sich herzieht.

Hud Bannon und sein Vater Homer (Melvyn Douglas), ein Mann mit Grundsätzen, die seinem Sohn fehlen. „Bei so viel Gutem um mich herum mußte ich einfach schlecht werden", sagt Hud zu seinem Vater. Douglas bekam einen Oscar für die beste Nebenrolle.

„Wenn du nicht dein Leben selbst in die Hand nimmst, dann wird die einzige helfende Hand die sein, die deinen Sarg in die Grube hinunterläßt", sagt Hud zu seinem Vater, und dann macht er ihn dafür verantwortlich, daß er so geworden ist. „Bei so viel Gutem um mich herum mußte ich einfach schlecht werden."

Mit der Behauptung, sein Vater sei nicht länger in der Lage, seine eigenen Angelegenheiten zu regeln, läßt Hud sich die Verfügungsgewalt über dessen Besitz übertragen. Kurz darauf stirbt sein Vater, nicht zuletzt weil er, nach allem, was sein Sohn ihm angetan hat, seinen Lebenswillen verloren hat. Hud vertreibt auch die beiden Menschen, die wirklich etwas für ihn empfinden. Die attraktive und temperamentvolle Haushälterin Alma (wunderbar gespielt von Patricia Neal), die einzige Frau, mit der Hud eine anständige Beziehung hätte haben können – ansonsten hat er nur Verhältnisse mit verheirateten Frauen –, geht fort, nachdem er versucht hat, sie zu vergewaltigen. Und der Neffe will sich seinen Anteil am Besitz von Hud auszahlen lassen und verläßt ihn, um sein eigenes Leben zu führen. (Ähnlich beeindruckend hatte Brandon de Wilde zehn Jahre zuvor in *Mein großer Freund Shane*, einem weiteren klassischen Western, den Jungen Joey gespielt, der Alan Ladd, einen dem Untergang geweihten Ex-Revolverhelden, anhimmelt.) Der Film endet damit, daß Hud ihm hinterherschaut und dann lächelnd mit einem Achselzucken die Tür schließt.

Newman hatte bei Hud Bannon das gleiche Gefühl wie bei Fast Eddie und Harper: Hier hatte er eine Rolle, die so ergiebig war, daß er alles hineinlegen konnte. Er spricht davon, wieviel Vergnügen ihm eine dankbare Rolle macht: „Ich komme immer wieder auf *Der Wildeste unter Tausend* zurück, nicht nur wegen der Rolle als solche, sondern weil so viele gesellschaftliche Beobachtungen mit eingeflossen sind. Für mich drückte *Der Wildeste unter Tausend* aus, daß manche Menschen auf tragische Weise auf Kosten anderer groß werden. Er war eine gründliche Studie über ein Dilemma unserer Zeit. Ich habe versucht, Hud all die künstliche oberflächliche Anziehungskraft zu geben, einschließlich der richtigen Körperbewegungen. Ich habe an seinen Ecken und Kanten gefeilt. Ich habe gezeigt, daß er ausgesprochen trinkfest war, gut bei den Weibern ankam, viel Courage hatte und außerordentlich kompetent in seinem Job war. Aber er hatte einen einzigen, tragischen Fehler: Es war ihm verdammt egal, was mit all den anderen passierte. Dieser tragische Fehler war für die Allgemeinheit zu schwer zu verstehen – besonders für die Kritiker –, und er wurde damit zu einer Art Antiheld, vor allem bei den Teenagern. Eine Kritik werde ich nie vergessen: Darin hieß es, *Der Wildeste unter Tausend* sei eigentlich ein wunderbarer Film. ‚Das einzige Problem', schrieb der Rezensent, ‚ist, daß die Rolle mit Paul Newman besetzt ist; sein Gesicht sieht einfach nicht verlebt genug aus.' Mein Gott, gerade das hat den Bastard doch so gefährlich gemacht. Die ganze Rolle basiert darauf, daß er dieses harmlose Gesicht hat. Wie konnte er nur so am Kern der Sache vorbeisehen? Genau in diesem Moment wurde mir klar,

Hud und Alma (Patricia Neal), die Haushälterin der Familie Bannon und die einzige Frau, mit der er eine anständige Beziehung hätte haben können, wenn er sie nicht durch sein Verhalten vertrieben hätte. Neal gewann einen Oscar als beste Schauspielerin. Newman wurde zwar als bester Darsteller für den Oscar nominiert, aber dieser ging schließlich an Sidney Poitier für *Lilien auf dem Felde*.

daß ich keine Kritiken mehr lesen sollte. Und das habe ich seitdem auch nicht mehr getan. Kritiker haben sowieso keinen blassen Schimmer, was sie da eigentlich von sich geben. Man selbst bildet sich was darauf ein, wenn die Kritiken gut sind, und wenn sie schlecht sind, kriegt man einen Anfall von Depression. Wer braucht so was schon?"

Obwohl der Film ein großer Erfolg war, hat Newman den Eindruck, daß *Der Wildeste unter Tausend* „nach hinten losgegangen ist. Es wäre uns nicht im Traum eingefallen, daß die Leute Hud als Heldenfigur auffassen würden. Schließlich ist Hud unmoralisch, gierig, selbstverliebt, selbstsüchtig, ein Abstauber auf Kosten der Gemeinschaft. Wir dachten, wir könnten ihn äußerlich anziehend wirken lassen ... aber was die Moral anbelangt, so steckt nichts in dieser leeren Hülle. Wir dachten, die Zuschauer wären davon abgestoßen und könnten etwas daraus lernen. Aber die Jungs fanden ihn toll! Seine Amoralität ist ihnen völlig entgangen; sie sahen in ihm nichts als den Westernhelden."

Daß das Publikum so reagierte, hängt unter anderem damit zusammen, daß man inzwischen ganz bestimmte Erwartungen an Newmans Rollen stellte, und unentwegt böse zu sein, gehörte nun einmal nicht dazu. Ein Newman ohne versöhnlichen Charme ist etwa so überzeugend wie ein Clint Eastwood, der trällert: „Ich spreche mit den Bäumen", was er unglücklicherweise in *Westwärts zieht der Wind* tat.

Ein Schauspieler, der einen solchen Berühmtheitsgrad wie Newman erlangt hat, kommt unweigerlich an den Punkt, wo sein Publikum ihn auf bestimmte Rollen festlegt. Und Newmans schauspielerische Fähigkeiten und sein Aussehen wirkten sich auf das Rollenangebot, das man ihm machte, aus. In den Stücken von Tennessee Williams vermochte er Männern wie Brick Pollitt und ganz besonders Chance Wayne, für die man nur schwer Sympathie empfinden kann, eine Art von Würde zu verleihen. In seinen Dreißigern und Vierzigern bis in seine Fünfziger hinein stand er in dem Ruf, ein Theaterschauspieler mit Prinzipien zu sein, und dieses Image hat sich auch auf seine filmische Arbeit übertragen. Mit welchen Fehlern die Protagonisten auch behaftet waren, Newmans eigene Anständigkeit und Integrität gab ihnen immer Tiefe und ließ die Zuschauer mit ihnen fühlen. Niemand will aus dem Kino kommen mit einem Gefühl der Genugtuung, weil Newman in seiner Rolle bestraft wurde. Er ist einfach kein Bösewicht. Es war schwer zu akzeptieren, daß jemand, der so attraktiv und sympathisch war, nicht die geringste Aussicht auf Gnade haben sollte. Das erklärt auch, warum die Zuschauer in Hud den Antihelden sahen und nicht den Schurken, der er eigentlich ist. Der wahre schroffe Eigenbrötler in *Der Wildeste unter Tausend* ist vielmehr Homer Bannon, der Vater, der sich weigert, auf seinem Grund nach Öl zu bohren, da Ölquellen – anders als Vieh, das man pflegen, züchten, jagen und um das man sich sorgen muß – von ihrem Eigentümer nichts weiter verlangen, als daß er die Schecks einlöst, die sie ihm einbringen.

RECHTS
Newman zwischen zwei Einstellungen am Set von *Der Wildeste unter Tausend* mit seinem Bruder Arthur, dem Regisseur Martin Ritt und Brandon de Wilde.

RENTAL SERVICE

Erst in den letzten zehn oder fünfzehn Jahren – vielleicht seit dem Film *The Verdict – Die Wahrheit und nichts als die Wahrheit* (1982), der mit dem Gesicht eines starken Trinkers in Großaufnahme beginnt – kann Newman aufgrund seines Alters – oder vielmehr, weil die Zuschauer ihn jetzt so akzeptieren – auch so spröde Rollen wie den selbstherrlichen General Leslie Groves in *Die Schattenmacher*, wie Walter Bridge in *Mr. & Mrs. Bridge* und wie Sully in *Nobody's Fool – Auf Dauer unwiderstehlich* spielen. Obwohl Newman sich über Leute ärgert, die den Menschen mit der Rolle verwechseln, gibt er zu, daß er auch schon in diese Falle getappt sei. „Man kommt an einen Punkt", sagt er, „wo es einem viel leichter fällt, eine Rolle zu spielen, die auf der Leinwand schon geprüft und für gut befunden wurde, als man selbst zu sein."

Dennoch ist er einigermaßen verwundert darüber, daß er in der Öffentlichkeit nicht als Person, sondern als Rolle wahrgenommen wird. Jahrelang führte er die Liste der männlichen Sexsymbole unter den Schauspielern an. Diese blauen Augen und dieser wohlgeformte Körper brachten zwar die Zuschauer ins Kino, überschatteten für viele aber auch das Talent, das sich dahinter verbarg. Newman legte offensichtlich Wert auf sein Aussehen, denn er tat viel dafür, sich in Form zu halten. Aber er ist auch der Meinung, daß eine gute schauspielerische Leistung wichtiger ist als die äußere Erscheinung. Als er um die vierzig war, beschrieb er sein Dilemma folgendermaßen: „Eigentlich sollte ich mich ja geschmeichelt fühlen, aber der Gedanke, daß nach *Der Wildeste unter Tausend* und *Der Unbeugsame* und all den anderen Filmen, die ich gemacht habe, und all den Rollen, an denen ich gearbeitet habe, ich als der Typ dastehe, mit dem die Frauen am liebsten ins Bett gehen würden – das macht mir Angst. Da reißt du dir achtzehn Jahre lang den Arsch auf, um dein Handwerk zu lernen, und da kommt diese Frau an und sagt: ‚Bitte nehmen Sie die Sonnenbrille ab, damit ich Ihre blauen Augen sehen kann.' Wenn ich heute tot umfallen würde, würde vielleicht auf meinem Grabstein stehen: ‚Hier liegt Paul Newman, gestorben mit dreiundvierzig, ein Versager, weil seine Augen braun geworden sind.' Das ist doch furchtbar. Man sollte doch denken, daß irgendwo in Paul Newman ein Intellekt existiert, eine Seele, ein politisches Bewußtsein und ein Talent, das über meine blauen Augen hinausreicht – und über meine Fähigkeiten in Bettgymnastik. Nehmen wir Joanne in *Die Liebe eines Sommers*. Schauen Sie sich dieses jungfräuliche Gesicht, das streng kontrollierte Lächeln und die verkniffene Körperhaltung an. Wenn sie nach Hause kommt und sich abschminkt, hat sie nichts mehr damit zu tun. Das gleiche gilt auch für mich." (Auf einer Wohltätigkeitsveranstaltung, wo er Punsch austeilte, wurde er einmal von einer Bewundererin gebeten, ihr Glas mit seinem Finger umzurühren. „Das würde ich ja gerne tun", entgegnete er, „aber ich hatte ihn gerade in einer Flasche mit Blausäure.")

Eine Geschichte, die er vor einigen Jahren Maureen Dowd von der *New York Times* erzählte, sollte zeigen, wie der echte Newman darauf reagiert, wenn er als das Sexsymbol Paul Newman angesprochen wird. Er ging gerade die Fifth Avenue entlang, als er eine Frau im weißen Kleid bemerkte, die einiges Aufsehen verursachte. „Ein echter Knaller", sagte er. „Mann, Autofahrer fuhren auf den Bordstein, um besser sehen zu können." Im Vorbeigehen tauschten Newman und die Frau einen Blick gegenseitigen Einverständnisses, und er setzte seinen Weg fort. Als er ein paar Blocks weiter stehenblieb, um sich das Schaufenster eines Antiquitätengeschäfts anzusehen, tippte ihm jemand auf die Schulter. Es war die Frau in Weiß. Sie erklärte ihm, sie sei ein Callgirl, würde aber gern ohne Bezahlung mit ihm ins Bett gehen. Er zögerte. Er wurde rot. „Du denkst daran, wie du so einen Moment spielen würdest", sagte er. „Du willst sie mit einer Bemerkung wegschicken, die Klasse und Stil hat, so wie Cary Grant oder Clint Eastwood es tun würden. Du fragst dich: Wie würde Hombre damit umgehen? Da kam also diese Frau zu mir – zu dem Typen, der Hud gespielt hat –, und was kommt zum Vorschein? Laurel und Hardy. Alle beide. Alles, was ich fertigbrachte, war, von einem Fuß auf den anderen zu treten und herumzuzappeln, wie ein Wurm am Angelhaken. Acht Blocks weiter", grinste er, „war ich immer noch dabei, Ausflüchte zu suchen." Denn: „Es ist schwer, ein Sexsymbol zu sein – jedenfalls wenn man keine Möglichkeit hat, vorher zu proben."

Nach *Der Wildeste unter Tausend* brachte Newman fünf Filme in schneller Folge heraus: *Eine neue Art von Liebe*, *Der Preis*, *Carrasco, der Schänder*, *Immer mit einem anderen* und *Lady L*. Jetzt, wo er nicht mehr den Zwängen der Studios unterworfen war, wollte er sich eine künstlerische und finanzielle Sicherheit aufbauen, indem er auf partnerschaftlicher Basis mit Leuten zusammenarbeitete, die er bewunderte und denen er vertraute. Er und der Regisseur Martin Ritt gründeten die Gesellschaft Jodell Productions, deren Namen sich aus den Vornamen ihrer Frauen, Joanne und Adele, zusammensetzte; und mit John Foreman, seinem und Woodwards früherem Agenten, gründete er die Newman-Foreman Company. Durch diese Firmen wollte er sich als Produzent etablieren und den Spielraum seiner Rollen erweitern sowie Möglichkeiten für die Zusammenarbeit mit seiner Frau schaffen.

Eine neue Art von Liebe ist eine weitschweifige romantische Komödie, die nicht besonders gut ankam. Wenn er das richtige Drehbuch hat – wie in *Schlappschuß* –, ist Newman ein sehr guter Komödiant. Aber in Filmen wie *Keine Angst vor scharfen Sachen* (1958) oder *Lady L* (1965) konnten die Zuschauer sehen, daß Schwänke nicht gerade seine Stärke sind. Dennoch versuchte er, das Genre spielerisch zu meistern, auch um Woodward einen Gefallen zu tun. „Joanne las es und sagte: ‚Hey, es würde Spaß machen, das zusammen zu spielen. Lies es dir doch mal durch.' Ich las es und sagte: ‚Joanne, das ist nur ein Einzeiler nach dem anderen.' Und sie sagte: ‚Du Hurensohn, ich habe deine Kinder durch die Gegend gekarrt, ich habe mich auf Kosten meiner Karriere um

Zu Hause mit Clea, die 1965, als ihr drittes Kind und ihre dritte Tochter, geboren wurde. Newman hat noch drei Kinder aus erster Ehe.

sie gekümmert, ich habe mich um dich und dein Haus gekümmert.' Und ich antwortete: ‚Sag' ich doch. Es ist ein tolles Drehbuch. Ich wüßte nicht, was ich lieber täte.' So etwas nennt man ein Handelsabkommen in beiderseitigem Interesse."

Der Preis ist ein Thriller, der an einen Hitchcock-Film erinnert. Das Drehbuch verfaßte Ernest Lehman, aus dessen Feder auch das zu *Der unsichtbare Dritte* stammt. In *Der Preis* spielt Newman die Rolle eines trinkenden Romanschriftstellers, der das Geheimnis um die Entführung eines Nobelpreisträgers und dessen Austausch durch einen Doppelgänger (Edward G. Robinson) lüftet. Die Geschichte ist ganz und gar unglaubwürdig, aber immerhin ist Newman amüsant.

Carrasco, der Schänder, ein Remake von Akira Kurosawas *Rashomon*, wurde vom mittelalterlichen Japan ins Mexiko der Neuzeit verlegt. Im Zentrum des Films stehen die unterschiedlichen Berichte der Augenzeugen einer Vergewaltigung und eines Mordes; jeder liefert eine andere Version des Geschehens. Newman lehnte die Rolle erst einmal ab und empfahl Marlon Brando. Als Brando, der die Rolle gern angenommen hätte, aufgrund anderer Verpflichtungen absagen mußte, ließ Newman sich erweichen. „Er hat mir gefallen", äußerte er sich über den Film – vielleicht weil Schmutz, Schnurrbart und verfilztes Haar sein übliches Aussehen überdeckten und das Publikum dadurch gezwungen war, in ihm nichts als den Schauspieler zu sehen. Aber er fügt hinzu: „Ich bin nicht so sicher, ob *Carrasco* schlüssig ist. Die Rollen, in denen ich mich am weitesten von den gängigen Charakteren entfernen konnte, haben mir immer am besten gefallen. Doch ich weiß nicht, wie gut ich war. Meine eigenen Filme habe ich mir noch nie gern angesehen. Ich finde immer irgend etwas, das mir aufdringlich, überschwenglich oder verlogen vorkommt oder mir gegen den Strich geht."

Inmitten dieser Flut von Filmen traten Newman und Woodward für eine Spielzeit von vier Monaten in dem Off-Broadway-Stück *Baby Want a Kiss* auf, das von ihrem gemeinsamen Freund und Woodwards Ex-Liebhaber James Costigan geschrieben worden war und vom Actors Studio produziert wurde. Dieser Schritt stellte sich als ausgesprochen vorteilhaft für das Schauspielerpaar heraus; Newmans jüngste Filme waren nicht gerade eine Sensation, und um Woodwards Karriere war es still geworden. Hier hatten sie die Gelegenheit, etwas gemeinsam zu tun, das sie beide sehr gut konnten. Noch vorteilhafter wirkte es sich auf das Actors Studio aus, das an den allabendlich ausverkauften Häusern gut verdiente. Newman und Woodward nahmen dafür nur die von der Schauspielergewerkschaft vorgeschriebene Mindestgage von 107,50 Dollar die Woche.

Das Stück war Newmans einziger künstlerischer Höhepunkt im Jahre 1964 und vielleicht auch im folgenden; allerdings war die Geburt seiner und Joannes dritter Tochter Clea ein Glanzpunkt des Jahres 1965. Die beiden Slapstick-Komödien, die Newman in dieser Zeit drehte, waren ein ziemlicher Flop: *Immer mit einem anderen* (1964), in der er einen von mehreren Ehemännern von Shirley MacLaine spielt, die arm anfangen, reich werden und dann auf lächerliche Weise umkommen – er verkörpert einen Maler in Paris, der am Ende von seiner selbstentwickelten Maschine, die eigenständig Ölgemälde herstellt, verschlungen wird –, und *Lady L* (1965), in der er den entschlossenen Anarchisten und Liebhaber von Sophia Loren mimt. „Ich bin jeden Morgen in dem Bewußtsein aufgewacht, daß das nicht gerade eine Glanzleistung war", sagt er.

Bei *Ein Fall für Harper* (1966) war das ganz anders. Es war sein erster Film, den er für Warner Brothers machte, seit er sich von seinem Vertrag freigekauft hatte. Die Rückkehr muß ihm ein Hochgefühl bereitet haben. Mit einem Schlag würde er sich nun für die Zeit rächen können, als das Studio 75.000 Dollar an Leihgebühren für ihn kassiert hatte, während er mit 17.500 Dollar abgespeist worden war. Für diesen Film sollte er 750.000 Dollar plus 10 Prozent ab einem Umsatz von 7,5 Millionen Dollar bekommen, unabhängig davon, ob der Film die Herstellungskosten einspielen würde oder nicht. Ein noch besseres Geschäft machten dabei die Produzenten Jerry Gershwin und Elliott Kastner, deren Umsatzbeteiligung bei 7,5 Millionen Dollar Einspielergebnis oder der zweieinhalbfachen Summe der Herstellungskosten einsetzte, je nachdem, welcher Betrag höher ausfiel. Newman behielt die Oberhand, und er drängte darauf, daß der Film in Farbe und nicht, wie vorgesehen, in Schwarzweiß gedreht wurde.

Vielleicht aus Versöhnlichkeit, vielleicht aber auch, weil er sich gezwungen sah, Newmans Machtposition anzuerkennen, suchte Jack Warner ihn in der ersten Woche nach Probenbeginn auf.

„Wie geht's denn so?", fragte Warner und griff dann in seine Manteltasche. „Rauchst du Zigarren?"

„Nein", antwortete Newman. „Ich verheize nur Leute, Jack. Das weißt du doch."

Warner lachte, und die Photographen schossen ihre Bilder. Später schickte Newman eine spezielle Weihnachtskarte an Leute, die beide kannten. Auch Warner bekam eine. Auf der Vorderseite stand das traditionelle „Frieden auf Erden". Innen befand sich das Bild von Warner und Newman, beide lächelnd, und der Spruch „... und den Menschen ein Wohlgefallen". Wer Bescheid wußte, mußte lachen, einschließlich Warner.

„Was für ein außergewöhnlicher Mann", sagte Newman, kurz nachdem *Ein Fall für Harper* herausgekommen war. „Ich bin noch nie einem Menschen begegnet, der so vulgär war – nicht einmal Chruschtschow; er nennt meine Frau übrigens ‚Joan'. Doch wenn ich es mir recht überlege ... kenne ich jemanden, der noch vulgärer ist. Der Champion ist ein anderer Filmmagnat aus Hollywood, der allerdings ungenannt bleiben muß."

Die Anzeigen für den Film waren einer Erstkläßler-Fibel nachempfunden:

„Das ist Harpers Kanone.

Seht, wie schwarz und glänzend sie ist.

Sie ist Harpers allerbester Freund.

Mit Jack Warner – dem „zweitvulgärsten Typen", den Newman kennt – um 1966, als er zu Warner Brothers zurückkehrte, nachdem er sich sieben Jahre zuvor von seinem Vertrag freigekauft hatte. Das Photo wurde während der Proben zu *Ein Fall für Harper* gemacht. Obwohl sie hier beide lächeln, haben sie sich nie verstanden, und Newman verwendete das Bild für eine Weihnachtskarte mit dem ironischen Gruß „... und den Menschen ein Wohlgefallen".

Seht, wie sehr Harper seinen Freund braucht.
Seht euch *Ein Fall für Harper* an."

Das war in gewisser Weise auch angemessen, weil der Film zu den Anfängen des amerikanischen Detektivfilms zurückkehrte. Es war, als würde *Harper* fünfundzwanzig Jahre Entwicklung des Genres ungeschehen machen. Der erste Darsteller des amerikanischen Privatdetektivs war Humphrey Bogart als Sam Spade in *Die Spur des Falken* (1941). Wie die Kritikerin Judith Crist schrieb, als *Ein Fall für Harper* herauskam, „war er [der Privatdetektiv] in den vierziger Jahren die unangefochtene Nummer eins im Film, besonders Philip Marlowe, der von Bogart für *Tote schlafen fest* geschaffen und von Dick Powell, Robert Montgomery und George Montgomery für Filme wie *Mord, meine Süße*, *Die Dame im See* und *The Brasher Doubloon* zu neuem Leben erweckt wurde. In den fünfziger und sechziger Jahren, der Ära der globalen sexuellen und sinnlichen Neuorientierung, erlebte er dann ziemlich schnell eine durchgreifende Veränderung – bis er vollständig durch die Bonds und Matt Helms, die *Dragnet*-Cops und die Agenten von *U.N.C.L.E.* (*Solo für O.N.K.E.L.*) ersetzt wurde ... Männer waren das nicht. Symbole, ja – Männer, nein." Diese neuen Helden waren Comic-Figuren. „Bestenfalls erledigen diese Symbole mit der ‚Lizenz zum Töten' ihre Aufgaben mit einer Loyalität, die nicht mehr ist als ein Lippenbekenntnis – im schlimmsten Fall mit Gleichgültigkeit. Und Gewalt und Folter erleben sie, als wären sie die Lieblingsschüler von Sacher-Masoch." Die Spades und Marlowes jedoch „empfanden Schmerz und mußten sich von ihren Verletzungen erholen; sie töteten nicht, ohne mit der Wimper zu zucken, und sie hatten Gewissensbisse. Vor allem aber taten sie, was sie tun mußten, weil sie Männer waren – im Kopf und im Herzen, nicht bloß zwischen den Beinen."

Mit Lew Harper wurde der alte Detektivtypus wiedergeboren. Er schläft in seinem Büro, muß sich aus dem Kaffeesatz von gestern seine Morgendröhnung brauen und liebt seine Frau, obwohl sie ihn hinausgeworfen hat und jetzt alles daransetzt, sich von ihm scheiden zu lassen. Der einzige Unterschied zwischen Spade und Harper kommt in einem der vielen wunderbaren Dialoge – nach dem Drehbuch von William Goldman, das auf dem Roman *The Moving Target* von Ross MacDonald beruht – zum Ausdruck, zum Beispiel im folgenden Schlagabtausch mit Lauren Bacall. Daß sie Bogarts Witwe ist, gibt dem Ganzen noch eine besondere Note:

„Mögen Sie einen Drink?"

„Nicht vor dem Mittagessen."

„Ich dachte, Sie sind Detektiv."

„Neues Modell."

Bacall spielt Mrs. Sampson, die wesentlich jüngere Frau eines verschwundenen Millionärs, den Harper ausfindig machen soll – was nicht heißt, daß ihr besonders viel daran liegt:

„Ich will ihn nur überleben." Dann fügt sie hinzu, offenbar ohne Gewissensbisse: „Furchtbar, so etwas zu sagen."

„Verliebte sagen so einiges", antwortet Harper lakonisch.

Amüsant sind auch die vielen Witze, die auf Kosten von Los Angeles gemacht werden, zum Beispiel wenn Harper sagt: „Ihr Mann befindet sich in lausiger Gesellschaft. So schlechte Gesellschaft findet man sonst nur in L.A. Und da ist es am schlimmsten."

Harper tut sein Bestes, um die Beziehung zu seiner zukünftigen Ex-Frau Susan aufrechtzuerhalten, die von Janet Leigh gespielt wird. So taucht er immer wieder bei ihr zu Hause auf, wenn er in Schwierigkeiten ist. Bei einer dieser Gelegen-

In *Ein Fall für Harper* (1966), einer Rolle, für die er sich teilweise von Robert F. Kennedy inspirieren ließ. „Wenn man ihn nicht genau beobachtete, hatte man fast den Eindruck, daß er gar nicht zuhört. Nicht daß da kein Kontakt wäre – er ist wirklich bei der Sache und hellwach ... [aber] es bringt einen irgendwie aus dem Konzept, wenn man nicht daran gewöhnt ist. Für mich war das ein nettes kleines Detail für die Rolle eines Privatdetektivs."

heiten ist er vorher schwer zusammengeschlagen worden, und er sieht auch so aus. Sie läßt ihn schließlich herein, und bald darauf hat er auch schon die Arme um sie gelegt.

„Was willst du von mir?", fragt sie.

„Ein paar nette Worte."

„Sonst noch was?"

„Ich nehme, was ich kriegen kann."

Newman trieb sich diesmal weder mit Privatdetektiven herum, noch lief er durch die Straßen von Los Angeles, um sich auf seine Rolle vorzubereiten, was damals äußerst ungewöhnlich für ihn war. Einen großen Teil seiner Interpretation der Rolle legte er während eines Transatlantik-Fluges fest. Vor *Der Wildeste unter Tausend* und *Carrasco, der Schänder* „schnüffelte ich [am Drehort] herum und versuchte mich so weit wie möglich mit der Figur und dem Originalschauplatz vertraut zu machen. Aber bei *Ein Fall für Harper* habe ich mich einfach betrunken. Ich hatte das Drehbuch schon ein paarmal gelesen, und auf dem Flug von Liverpool nach New York habe ich nochmal hineingesehen. Ich habe mir ein paar … Notizen gemacht, wie ‚Diesen Satz witziger' oder ‚Wie sieht sein Auto aus?' (es ist ein ramponierter Porsche) … und ‚Kaugummi' und ‚tu uninteressiert'."

Harper ist ebenso abgebrüht wie elegant und geistreich. Der Dialog beruht auf Umgangssprache und nicht auf Füllwörtern, und der Zuschauer erhält die Anhaltspunkte auf die gleiche Weise wie Harper und nicht durch irgendwelche Tricks. Es wird nur wenig Blut vergossen (auch wenn Harpers Schrammen, die er bei einem Zusammenstoß mit zwei Schlägern davongetragen hat, sehr echt aussehen), und im Vergleich zu heutigen Filmen kommt kaum Gewalt vor. Eine Szene kurz vor Ende des Films, in der die Gangster Informationen aus Julie Harris herauszuholen suchen, läßt einem dennoch das Blut in den Adern stocken – allerdings nicht durch das, was man sieht, sondern durch die Schreie, die man hört, während die Kamera ausschließlich Harpers Ankunft ins Bild bringt. Der Brief, den Geoffrey M. Shurlock, ein Beauftragter der amerikanischen Filmzensurbehörde, an Jack Warner sandte, ist daher um so unverständlicher. Dieser Brief zeigt, was für Veränderungen der Film in den letzten vierzig Jahren in bezug auf die Einschätzung von Gewalt erfahren hat. *Ein Fall für Harper*, so warnte Shurlock Warner, „enthält anstößige Elemente von Grausamkeit, die den fertigen Film nach den Richtlinien des Zensurgesetzes untragbar machen … Das Wort ‚Hölle' wird im Übermaß im ganzen Drehbuch benutzt. Wenn wir Ihre Endfassung genehmigen sollen, müssen die Anlässe, bei denen der Ausdruck benutzt wird, drastisch reduziert werden … Ebenso ‚höllisch' oder ‚zur Hölle' … [Der Ausdruck] ‚Alter Sack' ist zu vulgär und nicht akzeptabel."

Es folgte der Alfred-Hitchcock-Film *Der zerrissene Vorhang* (1966), in dem Newman einen amerikanischen Nuklear-Wissenschaftler spielt, dem es gelingt, einem berühmten ostdeutschen Experten seine wissenschaftlichen Erkenntnisse zu entlocken, indem er sich als Überläufer ausgibt. Nichts ist stimmig in diesem Film. Doch was wie ein erneuter Rückschritt in Newmans Karriere aussah, war nur ein kleiner Fehltritt, auf den eine seiner besten Phasen folgen sollte.

Der Unbeugsame (1966) ist ein Film über einen Typen, der die Obrigkeit etwas zu wenig ernstnimmt und wegen eines dummen Vergehens – die Eröffnungsszene zeigt, wie er Parkuhren knackt, um an das Kleingeld heranzukommen – ins Sträflingslager geschickt wird, wo es mit seinem sowieso schon erbärmlichen Leben weiter bergab geht. Im Handumdrehen wird Luke, ein Dummkopf, der sich selbst immer wieder in Schwierigkeiten bringt, nicht nur Opfer der brutalen Gefängnisordnung und seiner sadistischen Wärter, sondern auch der Schmeicheleien der anderen Gefangenen, die ihn anfangs verspotten, mit der Zeit aber seinen fast schon existentiellen Widerstand vergöttern. Zum ersten Mal in seinem Leben wird Luke respektiert. Bedauerlicherweise führt die Freude über sein höheres Ansehen letztlich zu seinem Tod, weil er wie die Mitgefangenen an seine Unzerstörbarkeit glaubt.

Wohl jeder erinnert sich an die komische Szene, in der Luke fünfzig hartgekochte Eier verdrückt, um eine Wette zu gewinnen. Doch was den Film unter anderem so eindrucksvoll und stark macht, ist die Szene, in der Lukes Mutter (Jo Van Fleet), die auf der Ladefläche eines Pritschenwagens anreist, ihn besuchen kommt. Durch sie kommen wir dem Milieu und der Ursache der innerlichen Erstarrung dieses Einzelgängers auf die Spur, der zum Scheitern verurteilt ist. Für seine Rolle als Luke erhielt Newman seine vierte Oscar-Nominierung als bester Hauptdarsteller – und zum vierten Mal ging er leer aus. Doch anstatt sich gekränkt zurückzuziehen, baute er seine Karriere weiter aus.

In der Zeit, als er 1959 am Broadway in *Süßer Vogel Jugend* aufgetreten war, hatte Newman auch die Regie in einer achtundzwanzigminütigen Filmfassung von Tschechows Monolog *Starker Tobak*, mit dem Schauspieler Michael Strong, geführt. Diese Arbeit bezeichnete er 1966 als „die beste künstlerische Erfahrung, die ich je gemacht habe. Ich fühlte mich absolut lebendig. Meine Frau muß gedacht haben, ich wäre auf Drogen.“ Jetzt dazu befragt, huscht ein Lächeln über Newmans Gesicht: „Zum ersten Mal seit fünfundzwanzig Jahren kommt mir dieser Film wieder ins Bewußtsein. Er ist sehr schwerfällig, aber das Stück selbst ist wunderschön.“

Die Liebe eines Sommers (1968) hingegen ist in seinem Gedächtnis haftengeblieben. Es war sein erster Spielfilm als Regisseur. („Schauspieler wollen Regie führen, weil sie es satt haben, immer nur nach ihrem Aussehen beurteilt zu werden“, sagte Newman einmal.) Er produzierte den Film auch – mit seiner Firma Kayos Productions („Chaos“ Productions), einem Ableger der Newman-Foreman Company. Sein Partner John Foreman hatte einen Bericht über *A Jest of God* von der kanadischen Schriftstellerin Margaret Laurence gesehen und sich die Druckfahnen ihres Romans über eine altjüng-

Nachdem Cool Hand Luke in *Der Unbeugsame* fünfzig hartgekochte Eier verspeist hatte, waren Wettbewerbe an den Colleges und unter den Truppen in Vietnam weit verbreitet, in denen es darum ging, diesen Rekord zu übertreffen.

ferliche Lehrerin besorgt, deren Leben äußerlich fade, deren Gefühlswelt aber um so bunter ist. Er und Woodward lasen das Stück und entschieden sich dann dafür, obwohl Newman anfangs nicht gerade beeindruckt war. „Kein Filmstoff", zitiert sie ihn. Foreman und Woodward ließen nicht locker und beauftragten Stewart Stern, einen Freund der Familie, mit dem Drehbuch. Er hatte bereits die Drehbücher von *... denn sie wissen nicht, was sie tun* und *Anklage: Hochverrat* geschrieben und auch dem *Mann aus Philadelphia* den letzten Schliff gegeben.

„Ich bin herumgelaufen und habe uns überall angeboten", erzählte Woodward Rex Reed von der *New York Times*, „aber ich fürchte, daß ich mich selbst und das Drehbuch in Kombination anbot, hatte nicht unbedingt denselben Reiz wie die Kombination Elizabeth Taylor und Tennessee Williams."

Selbst die Tatsache, daß der Regisseur den Namen „Newman" trug, beeindruckte die großen Studios nicht besonders. Nach vielen Absagen stellten Warner Brothers-Seven Arts schließlich 700.000 Dollar zur Verfügung, mit der üblichen Klausel, daß Newman jede Überziehung selbst finanzieren müsse. Um ihre Investition abzusichern, vereinbarten sie außerdem, daß er zwei Filme und Joanne Woodward einen Film für sie jeweils für die Hälfte der Gage machen würden.

„Ich bin da hineingeraten wie die Vereinigten Staaten in den Vietnamkrieg", erzählte Newman Michael Billington von der Londoner *Times*. „Angefangen habe ich als Berater, und dann eskalierte das Ganze, bis ich schließlich die Regie übernahm ... Ich hatte ein paar Ideen zu dem Buch und zu seiner Gliederung, und es gab einige Diskussionen zwischen mir und dem Autor, Stewart Stern, bis ich erkannte, daß ich einfach die Regie übernehmen mußte. Es war die einzige Möglichkeit, unsere Konflikte beizulegen! Aber das [die Übernahme der Regie] wäre früher oder später sowieso passiert."

Außerdem war es eine Herausforderung, etwas zu tun, das andere ihm nicht zutrauten. Newman war entschlossen, wie er sich gegenüber Rex Reed äußerte, nicht nur zu zeigen, daß er Regie führen konnte, sondern er wollte auch „Hollywood beweisen, daß man einen Film über normale, einfache Leute machen kann, ohne Gewalt und ohne daß eine Bande von Indianern die Siedler skalpiert". „Ich bin nicht besonders nachtragend", erzählte er Billington weiter, „aber ich muß zugeben, daß ich im nachhinein die Absagen, die ich für den Film bekommen habe, mit einer gewissen Genugtuung lese und insgeheim ein schadenfrohes Kichern nicht unterdrücken kann."

Der Film war so etwas wie ein Familienunternehmen. Neben Woodward und dem befreundeten Stern spielte ihre Tochter Nell, die die Augen ihres Vaters, ansonsten aber das Aussehen ihrer Mutter hat, Rachel als kleines Mädchen. „Als Vater war ich eigentlich dagegen, aber als Regisseur fand ich sie großartig", sagt Newman. Zum Team gehörten außerdem Frank Corsaro, Regisseur der Newmans in der Off-Broadway-Produktion *Baby Want a Kiss*, sowie Newmans Automechaniker Bruno Engel. Newmans Bruder Arthur fungierte als Co-Produzent, und Dede Allen, der einmalige Cutter, der schon den Schnitt von *Haie der Großstadt* gemacht hatte, war jeden Tag am Set, um Newman bei den Einstellungen zu beraten. „Ich verstehe die Regisseure nicht, die ihre Filme immer selbst schneiden wollen", äußerte sich Newman Billington gegenüber.

Ursprünglich sollte der Film in Kalifornien gedreht werden, doch dann wurde ein Studio in einer Turnhalle in Danbury, Connecticut eingerichtet, denn „mir war der Kontrast vom eher eintönigen, grauen Alltagsleben der Lehrerin und üppiger, grüner Frühlingskulisse sehr wichtig – es wäre einfach zu platt gewesen, ein ödes Leben vor einen öden Hintergrund zu stellen."

Mit Joanne Woodward während der Dreharbeiten zu *Die Liebe eines Sommers* (1968), dem ersten Spielfilm, bei dem Newman Regie führte.

Woodward spielt eine altjüngferliche Lehrerin, die in einer Wohnung über einem Bestattungsinstitut mit ihrer kränklichen, aber tyrannischen Mutter lebt und sie pflegt. Im Sommer ihres fünfunddreißigsten Lebensjahres erkennt sie, daß das Leben an ihr bald endgültig vorbeigeht, und nimmt sich vor, ihrer Frustration und Langeweile und der Platzangst in ihrer kleinen Stadt zu entfliehen, bevor es zu spät ist. An einen ehemaligen Freund aus der High School, der auf Besuch bei seiner Familie ist, verliert sie ihre Jungfräulichkeit – oder besser gesagt: sie gibt sie bereitwillig auf. Sie erwartet, daß Liebe und Ehe folgen werden. Als beides ausbleibt, sich aber eine Schwangerschaft ankündigt, plant sie ihren Umzug nach Oregon. Am Ende entpuppt sich die Schwangerschaft als Zyste – als Scherz Gottes (so auch der ursprüngliche Titel des Films: *The Jest of God*). Doch nun hat sie die Kraft wegzugehen und die Hoffnung, daß sie etwas aus ihrem Leben machen kann.

Newman wollte, daß der Film so unkompliziert wie möglich wirkte. Obwohl er viel mit Rückblenden und Tagträumen arbeitete, sollte der Film, so erzählte er Billington, nicht „kompliziert erscheinen. Die Kamera sollte lediglich ein stiller Beobachter sein.

Ich hatte es mir zur Regel gemacht, daß der Schauspieler sich nie auf die Kamera zubewegen mußte – die Kamera kam immer zu ihm. Es war eher wie in den alten Tagen des Fernsehens." Ein paar Jahre später fügte er in einem Interview mit dem Kritiker Roger Ebert hinzu: „In dieser Stadt [Hollywood] gibt es eine Verschwörung gegen den Schauspieler ... auf jeder Ebene. Der Aufbau der Sets orientiert sich an der Technik, und jede Einstellung ist auf die Bequemlichkeit der Techniker ausgerichtet. Und du bringst deinen Motor in Gang und wartest im Leerlauf, während die irgendwelche Scheinwerfer umstellen oder dir mit einem Stück Stoff die Nase abreiben. Ach!"

„Als Joannes Regisseur", erzählte er *Life*, „habe ich immer, wie wir es nennen, die ‚aktive Form' benutzt. Es klingt furchtbar akademisch, aber wenn man einen Imperativ finden kann, um eine Szene zu beschreiben, kann man dem Schauspieler immer die richtige Richtung zeigen. Wenn man zu einer Schauspielerin sagt: ‚Verkneif es dir' – womit ich Joanne immer wieder in den Ohren gelegen habe –, wird sie dies verinnerlichen, und sie wird entsprechend körperlich präsent sein. Ihr Lachen wird verklemmt und ein wenig befangen, ihre Lippen sind geschürzt, ihr Verhalten gestört. Eine so gute Schauspielerin wie Joanne wird dann sogar ihre Zehen einziehen."

Der Reporter Gene Wilson beschrieb ihre Zusammenarbeit als „fast ausschließlich körperlich; ihre Verständigung erinnerte zeitweise an zwei Taubstumme. Er legte seine Handflächen an ihre Wangen, beugte sich vor, starrte ihr in die Augen und fauchte sie an; dann legte er seine Hände an ihren Nacken und wiegte ihren Kopf langsam hin und her. Als er damit aufhörte, signalisierte sie ihre Zustimmung mit heftigem Nicken. Dann ging er davon und setzte sich auf eine Kiste, um sich bis zur nächsten Einstellung auszuruhen, und ohne Worte fing sie an, ihm den Nacken und die Schultern zu massieren, wobei sie hin und wieder seinen Kopf jäh nach vorne drückte, um ihn dann wieder an den Haaren ruckartig nach hinten zu bewegen."

Seine Arbeit als Regisseur fand Newman nicht annähernd so ermüdend wie die Schauspielerei. „Als Schauspieler", erklärte er Joan Barthel von der *New York Times*, „muß man sich selbst ständig auf Touren bringen und wieder drosseln; es ist, als ob man bei einem Hundertmeterlauf nach jedem Meter eine Pause einlegen muß." Wenn man dagegen (als Regisseur) mit jedem Aspekt des Films beschäftigt ist, gibt es diesen Leerlauf nicht. Was Newman am meisten Spaß machte, war nach seinen eigenen Worten „die Intelligenz des Filmemachens". Wenn man das im Auge behalte, so äußerte er sich gegenüber Barthel, sähe der perfekte Film folgendermaßen aus: „Man hat eine tolle Ausgangsidee für einen Film. Dann findet man einen Drehbuchautor und erarbeitet ein erstes Konzept. Dann entwickelt man ein zweites Konzept. Dann stellt man erste Überlegungen über Besetzung und Drehorte an. Dann treibt man die Produktion weiter voran, arbeitet weiter an der Besetzung, und dann sucht man sich die Schauspieler zusammen. Und wenn man das geschafft hat, beginnen die Proben mit den Schauspielern. Die Proben sind gewissenhaft und wunderbar, und man entdeckt alles mögliche an den Schauspielern, an der Beschaffenheit des Drehbuchs, man merkt, welche Änderungen erforderlich sind, was läuft, was nicht läuft, was man an zusätzlichen Dialogen und Szenen noch braucht. Man probt zwei Wochen lang – in der Zeit stellt man sein ganzes Produktionsteam zusammen, Licht und Sound und so weiter – und arbeitet mit dem Ausstatter und geht alles noch einmal durch. Am letzten Tag der Proben macht man um halb sechs Schluß, sagt FEIERABEND, und alle gehen nach Hause – und man dreht nie auch nur einen einzigen Meter Film."

Das war bei *Die Liebe eines Sommers* nicht der Fall, und selbst Newman mußte zufrieden sein. Der Film spielte 8 Millionen Dollar ein, und er und Woodward erhielten ausgezeichnete Kritiken für ihre Arbeit. „Seit langem der am besten geschriebene, am ernsthaftesten gespielte amerikanische Film … Miss Woodward [ist] außergewöhnlich gut … Wenn dies ein weniger ironisches Zeitalter wäre, könnte man es als eine Art amerikanisches Balzac-Kino bezeichnen", schrieb Renata Adler in der *New York Times*. Richard Schickel bemerkte in *Life*: „Newman ist alles andere als der unbekümmerte große Junge, wie wir ihn auf der Leinwand gewöhnt sind. Er hat einen feinfühligen, leicht melancholischen Blick für etwas, das bei den meisten amerikanischen Filmen keine Beachtung findet – für die Struktur des alltäglichen Lebens. Darüber hinaus offenbart er ein Gefühl für emotionale Schattierungen und technische Versiertheit; er ist weder zu radikal noch zu konservativ. Das ist bemerkenswert für einen Erstlingsfilm."

Der gleichen Meinung war auch die Academy of Motion Picture Arts and Sciences, die den Film für vier Oscars nominierte, darunter in drei der fünf wichtigsten Kategorien: bester Film, bestes Drehbuch und beste Hauptdarstellerin (Woodward). Darüber hinaus erhielt Newman den New York Film Critics Circle Award für die Regie, Woodward für die beste weibliche Hauptrolle.

Für Newman ging eine Dekade zu Ende, in der er zwanzig erfolgreiche Filme gemacht hatte, mit Ausnahme von *Der Etappenheld*, seinem ersten Film nach *Die Liebe eines Sommers*. *Der Etappenheld* sollte eine Komödie über einen Verlierer sein, einen Gefreiten, dessen einziges Talent offenbar darin besteht, aus dem Militärgefängnis zu entkommen. Schon die augenzwinkernd schlüpfrige Sprache des Titels (der englische Originaltitel lautet *The Secret War of Harry Frigg*; „frig" bedeutet „ficken", Anm. d. Übers.) wirkt eher peinlich und deutet an, was den Zuschauer erwartet.

„Als Gefreiter Harry", schrieb Renata Adler, „soll Newman schlapp, schludrig und komisch sein … Wie eine Stoffpuppe sitzt er auf einem Gefängnislaster und täuscht ein Gähnen vor; aber die Rolle entspricht dem nicht. Die Szene wird zu einer Farce, in der Newman mitteilen will, daß er diesmal nicht Hud spielt. Wie Cool Hand Luke es ausdrücken würde, liegt hier eindeutig eine Kommunikationsstörung vor."

Doch dann kamen Robert Leroy Parker und Harry Longbaugh angeritten, besser bekannt als Butch Cassidy und Sundance Kid, und alles war vergeben und vergessen von dem Moment an, als Butch zu Beginn des Films eine Bank ausnehmen will, die er und Kid schon früher einmal ausgeraubt haben. Diesmal sind die Fenster vergittert, ein großer Safe ist eingebaut worden, und es gibt einen Wachmann. Butch fragt ihn, was aus der schönen alten Bank geworden sei, in der es gar keine Sicherheitsvorkehrungen gab. „Zu viele Überfälle", erzählt ihm der Wachmann, worauf Cassidy empört erwidert: „Das ist doch ein geringer Preis für Schönheit!"

Durch Paul Newman und Robert Redford als Butch Cassidy und Sundance Kid in *Zwei Banditen* (1968) wirkt der Alte Westen so romantisch wie der Sherwood Forest Robin Hoods, und ebenso unrealistisch. Doch der Film ist überirdisch leicht wie Zukkerwatte. Butch (Newman), der Anführer der „Hole in the Wall"-Gang, und Sundance (Robert Redford) fühlen sich der Idee verpflichtet, von den Reichen zu nehmen, um den Armen zu geben, in diesem Falle sich selbst. Aber sie gehen dabei ausgesprochen gutmütig vor. Butch würde sich voll und ganz damit zufriedengeben, wenn Mr. E. H. Harriman von der Union Pacific Eisenbahngesellschaft (wie er durchgängig genannt wird) ihm und Sundance einfach die Summe aushändigen würde, die er für die Bewachung bezahlt, um ihnen einen Strich durch die Rechnung zu machen. Dann würde er die Züge auch unbehelligt lassen. Doch das Duo muß feststellen, daß Eisenbahn-Baro-

Newman und Woodward 1969, nachdem beide den New York Film Critics Circle Award als bester Regisseur und beste Schauspielerin für ihre Arbeit in *Die Liebe eines Sommers* erhalten hatten. Woodward war auch für den Oscar nominiert worden.

ne nicht viel von verdammten Räubern halten und es sich eine Menge kosten lassen, sie in ihre Schranken zu weisen, und wenn es nur aus Stolz ist. All das verblüfft Butch und Kid. Schließlich haben sie noch nie jemanden verletzt. Erst als sie sich nach Bolivien absetzen, um Harrimans Häschern zu entkommen, und es mal auf die ehrliche Tour versuchen, schießen sie zum ersten Mal – ironischerweise auf ein paar Räuber, die eine Ladung Gold stehlen wollen, für dessen Bewachung die beiden angeheuert wurden.

Etta Place (Katharine Ross) ist in *Zwei Banditen* das Objekt der Begierde. Sie und Kid sind ein Paar, aber die Liebesszene findet zwischen ihr und Butch statt. Nachdem er Etta zu der Melodie von „Raindrops Keep Falling on My Head" auf seinem Fahrrad um die Wiese herumgefahren hat, fragt sie ihn, ob es anders gekommen wäre, wenn sie beide sich früher begegnet wären. „Wir sind zusammen, Etta. Weißt du das nicht?" antwortet er. „Ich meine, du fährst auf meinem Fahrrad – in manchen arabischen Ländern ist das so gut wie Verheiratetsein." Anschließend vollführt Butch beeindruckende Kunststücke auf dem Fahrrad. So steht er zum Beispiel mit einem Bein auf dem Sattel und hält das andere nach hinten ausgestreckt. Diese Kunststücke sollten eigentlich von einem Stuntman ausgeführt werden, der sich allerdings beklagte, daß sie ihm zu gefährlich seien. Also machte Newman sie selbst. Die Szene war von Regisseur George Roy Hill erst später eingebaut worden, nachdem er nach Beendigung der Hälfte der Dreharbeiten entschieden hatte, daß es eine Beziehung zwischen Butch und Etta geben müsse. Doch trotz der schönen Frau ist der Film in Wirklichkeit eine Liebesgeschichte zwischen zwei Männern, die von der zunehmenden Zivilisierung des Neuen Westens erdrückt werden.

Als Harrimans Aufgebot näherrückt, zerstreut sich die Bande, und Butch und Sundance verstecken sich bei Etta. Sie planen, allein zu verschwinden, bis Kid den Vorschlag macht, sie solle mitkommen. Das wäre eine gute Tarnung, überlegt er, weil niemand erwarten würde, daß sie mit einer Frau unterwegs sind; es würde die Reise sicherer machen. Als das beschlossen ist, wendet er sich an Etta und sagt zu ihr: „Was ich meine, ist, wenn du mitkommen willst, werde ich dich nicht aufhalten. Aber in dem Moment, wo du anfängst zu jammern oder lästig zu werden, dann lasse ich dich fallen, egal wo wir sind."

„Wozu die ganze Schönfärberei, Kid", unterbricht ihn Butch. „Sag es ihr ins Gesicht."

Etta, die sich als ebenso zuverlässiger Schütze wie fähige Köchin erweist, erwidert mit einer Feierlichkeit, die man nur bei Menschen findet, die gerade erwachsen geworden sind: „Ich bin sechsundzwanzig, alleinstehend und unterrichte an der Schule, und das ist so ziemlich das Allerletzte. Das einzig Aufregende, das ich je erlebt habe, erlebe ich jetzt. Also werde ich mit euch gehen, und ich werde nicht jammern. Ich werde eure Socken stopfen, ich werde euch zusammenflicken, wenn ihr verwundet seid. Was im-

Bei der Vorbereitung für Newmans Fahrrad-Stunts in *Zwei Banditen* (1968). Rechts außen Katharine Ross.

mer ihr von mir verlangt, werde ich tun, außer einer Sache: Ich werde nicht zusehen, wie ihr sterbt. Diese Szene werde ich auslassen, wenn es euch nichts ausmacht."

Etta steht zu ihrem Wort. Sie sieht eher als die Zuschauer das Ende kommen, und das Finale bleibt Butch und Sundance überlassen, die zur Plage sämtlicher bolivianischer Banken werden und die Aufmerksamkeit der gesamten Armee auf sich ziehen. Sie werden entdeckt, als sie sich gerade zum Mittagessen in einer Cantina niederlassen, in einer kleinen Stadt, von deren Bank sie eigentlich etwas abzuheben gedachten. Nachdem ein Kugelhagel auf sie niedergegangen ist und alles am Tisch außer den beiden zersiebt hat, verkündet Butch mit seiner gewohnten ruhigen Direktheit: „Das war's dann wohl. Mit denen mache ich keine Geschäfte mehr."

Umzingelt und verwundet kämpfen sie weiter, knapp an Munition, aber reich an Bonmots. Als Kid ihm sagt, er wolle nach draußen gehen, um einen besseren Schußwinkel zu haben, und ihn um Feuerschutz bittet, erwidert Butch: „Jetzt ist nicht die Zeit für Heldentum: Ich lasse dir den Vortritt."

Später, als Hunderte von Soldaten ihren Unterschlupf mit Kugeln durchlöchern und beide stark aus ihren Wunden bluten, durchfährt Butch plötzlich ein Gedanke:

„Australien."

Sundance ist verblüfft. „Australien! Das ist deine Idee?"

Butch nickt weise. „Die letzte für lange Zeit."

Sie kommen nicht weiter als bis zur Straße, wo das Bild erstarrt, während das Echo der Salven aus Hunderten von Gewehren widerhallt.

„Zu schade, daß sie am Schluß getötet wurden", sagte Newman. „Die beiden hätten im Film ewig leben können."

Auf eine Art leben sie auch weiter, nämlich als Markenzeichen der Wohltätigkeitseinrichtungen, die Newman und Redford jeweils am meisten schätzen. Redford hat

INKS

Vas für Lippen, was für ugen: Durch Paul lewman und Robert edford als Butch assidy und Sundance id erschien der Alte Vesten plötzlich ebenso omantisch wie Robin loods Sherwood Forest, nd ebenso unrealistisch. och der Film ist berirdisch leicht wie uckerwatte.

seine Filmwerkstatt Sundance Institute genannt, während Newman seinem Ferienlager für Kinder mit Leukämie und anderen Bluterkrankungen den Namen „Hole in the Wall Gang"-Camp gegeben hat.

Komischerweise war Redford, der so vollständig und unauslöschlich mit Sundance Kid identifiziert wird, nur die vierte Wahl bei der Besetzung der Schauspieler. Anfangs sollte es ein Newman-Brando-Film werden mit Newman als Kid, aber Brando war in dieser Zeit zu sehr mit gesellschaftlichen Verpflichtungen beschäftigt, um als Schauspieler zu arbeiten. Dann waren Newman und Warren Beatty vorgesehen, mit Newman als Butch. Als das nicht zustande kam, sollte Steve McQueen als Kid einspringen. Erst als diese Besetzung sich als Fehlschlag herausstellte, war Robert Redford an der Reihe. So wie Humphrey Bogart die Rollen in *Die Spur des Falken* und *Casablanca* bekommen hatte, weil George Raft einem Irrtum erlegen war und sie abgelehnt hatte, und Newman mit Filmen Erfolg hatte, die eigentlich für James Dean gedacht waren, so kam Redford zu einer seiner anerkanntesten Rollen, für die er auch den British Film Academy Award als bester Darsteller erhielt, indem er einfach der letzte war, der zur Verfügung stand.

Die Anzeigen für den Film bauten auf die körperlichen Vorzüge der Stars. Dies wird besonders auf einem Plakat sichtbar, das fast ausschließlich in Schwarzweiß gehalten ist, aus dem aber zwei Paar blaue Augen hervorleuchten. Es wies nicht nur darauf hin, wie gut die beiden aussehen, sondern auch darauf, daß hier ein altes Filmgenre in neuem Look präsentiert wird. Und genau wie die beiden Charaktere, deren Zeit eigentlich vorbei ist, im Film eine neue, modernere Komponente erhalten, so signalisiert der Film insgesamt auch für Newman persönlich den Beginn einer neuen Ära.

Filmhelden (oder Antihelden) besitzen eine relativ kurze Lebenserwartung, bevor sie sich in eine Figur verwandeln, die der gegenwärtigen Kultur mehr entspricht. So verwandelte John Wayne sich schließlich in Butch Cassidy; Rick Blaine aus *Casablanca* wurde zu Cool Hand Luke. Dann wiederum wurden die Rollen, die Newman und andere in den sechziger Jahren mit so großem Erfolg gespielt hatten, völlig umgemodelt. Erst wurden sie nihilistischer, dann gerieten sie zur Karikatur: Der düstere *Taxi Driver* entwickelte sich zum überlebensgroßen *Terminator*.

Nach fünfzehn Jahren Filmkarriere war es auch für Newman an der Zeit, etwas zu verändern.

NEWMAN

Die späteren Jahre

OBEN UND RECHTS
Als Jim Kane, eine komischere Variante von Cool Hand Luke, in *Zwei Haudegen auf Achse* (1971).

LINKS
Paul Newman als er selbst.

LINKS

In Rennfahrer-Kleidung. „Als Schauspieler gibt es für mich keinen Konkurrenzkampf, denn ein Schauspieler steht nicht im Wettbewerb. Wogegen willst du antreten? Beim Autorennen gibt es nur Gewinnen oder Verlieren. Du fährst über die Ziellinie, und entweder kommst du als erster oder zweiter herein, oder als neunter – oder gar nicht."

UNTEN

Im Wahlkampf für Eugene McCarthy 1968. Newman präsentierte sich dem Publikum nicht als Berühmtheit, sondern als um die Zukunft besorgter Vater. „Ich will nicht, daß auf meinem Grabstein steht: ‚Er hat die Zeichen der Zeit nicht erkannt.' Und die Situation ist zu brenzlig, um sich mit seiner Meinung in den eigenen vier Wänden zu verstecken."

OBEN
Vater und Töchter, um 1975.

RECHTS
Auf der Autorennstrecke mit Tochter Melissa, um 1974-75.

DATSUN
BOSCH
P.L.
Newman
70

LINKS

Mit Schnauzer als Henry Gondorff in *Der Clou*, um 1973.

RECHTS

Kinoplakat für *Der Clou*.

the Hon. William F. Cody
PAUL NEWMAN
BUFFALO BILL AND THE INDIANS
OR
SITTING BULL'S HISTORY LESSON
"IT AIN'T ALL THAT DIFFERENT FROM REAL LIFE!"
"Ladees and Gentlemen! Dino De Laurentiis presents the David Susskind production
of Robert Altman's Absolutely Unique and Heroic Enterprise of Inimitable Lustre!"
BUFFALO BILL AND THE INDIANS or SITTING BULL'S HISTORY LESSON
PLUS
JOEL GREY · KEVIN McCARTHY · HARVEY KEITEL · GERALDINE CHAPLIN
JOHN CONSIDINE · ALLAN NICHOLLS · FRANK KAQUITTS · WILL SAMPSON
DENVER PYLE · ROBERT DOQUI · SHELLEY DUVALL · PAT McCORMICK
BURT LANCASTER
Ned Buntline
executive producer DAVID SUSSKIND · screen story and screenplay by
ALAN RUDOLPH & ROBERT ALTMAN · suggested by the play "Indians"
by ARTHUR KOPIT · produced and directed by ROBERT ALTMAN
United Artists

OBEN
Mit Joanne Woodward vor ihrem Haus in Connecticut.

LINKS
Während einer Drehpause von *Harry & Sohn* (1983).

GANZ LINKS
Plakat für *Buffalo Bill und die Indianer* (1976).

OBEN

Newman, hier während der Dreharbeiten von *Harry & Sohn*, ist für seine ausgesprochen konzentrierte Regiearbeit bekannt.

LINKS
Colonel „Pops“ Newman macht Reklame für Newman's Own Popcorn. Von seiner „schamlosen Ausbeutung zum Wohle der Allgemeinheit“, so der Firmen-Slogan, haben bislang an die 400 Wohltätigkeitseinrichtungen in der ganzen Welt profitiert.

OBEN

Zwischen zwei Einstellungen bei den Dreharbeiten zu *Mr. & Mrs. Bridge* (1989).

RECHTS

Als Donald „Sully“ Sullivan in *Nobody's Fool – Auf Dauer unwiderstehlich* (1994).

OBEN
In *Zwei Haudegen auf Achse* (1971) als Jim Kane, ein vom Pech verfolgter moderner Cowboy.

LINKS
Als Moderator bei der Oscar-Verleihung 1994 in Los Angeles. Bis 1995 wurde Newman achtmal als bester Schauspieler für den Oscar nominiert.

Bis 1968 hatte Newman so ziemlich alles erreicht, was man sich als Schauspieler nur wünschen kann. Sein guter Ruf war ihm sicher, nicht nur wegen der Quantität seines Werkes, sondern auch aufgrund der denkwürdigen

Beschreiten neuer Wege

Charaktere, die er geschaffen hatte. Er war dreiundvierzig Jahre alt und sah aus wie dreißig. Schon jetzt galt er als Institution und hätte sich ein angenehmes Leben machen können. Er brauchte nur weiter die sicheren und vertrauten Rollen zu spielen, die ihm Millionen einbrachten. Stattdessen schlug er in den folgenden Jahren gleich drei Richtungen ein, um mehr Einfluß auf seine Arbeit zu nehmen und sich selbst einer Verjüngungskur zu unterziehen.

LINKS
1965, bevor er seine drei Motorräder nach einem Unfall verkaufte, bei dem er mit seiner blauen Triumph wegen einer Öllache auf dem Sunset Boulevard ins Schleudern gekommen war und die Kontrolle verloren hatte. Die Reparaturkosten für das Motorrad beliefen sich lediglich auf 24 Dollar. Doch Newman hatte Verbrennungen dritten Grades an beiden Beinen und Abschürfungen an mehreren Fingern erlitten, die Hauttransplantationen erforderlich machten.

RECHTS
In *Indianapolis* (1969) spielte Newman nur die Rolle eines Rennfahrers. Seit er 1972 mit dem Rennsport begonnen hatte, hat er vier nationale Amateur-Autorennen gewonnen und einen zweiten Platz beim 24-Stunden-Rennen von Le Mans belegt.

Newman setzte seine enorme Popularität aufs Spiel, um die Kampagne des Senators Eugene McCarthy gegen den Vietnamkrieg tatkräftig zu unterstützen. Er gründete mit Barbra Streisand und Sidney Poitier die Produktions- und Verleihfirma First Artists. Und er fing an, Autorennen zu fahren. Die ersten beiden Vorhaben waren kühn, doch nicht gerade von Erfolg gekrönt. Bei dem dritten sah es etwas anders aus.

Mit seiner Unterstützung von McCarthy betrat Newman kein politisches Neuland. Er hatte schon in den Fünfzigern tatkräftig die Präsidentschaftswahlkämpfe von Senator Adlai Stevenson unterstützt, der zweimal von Dwight Eisenhower geschlagen wurde; er hatte sich bei den Demokraten und in Bürgerrechtsbewegungen engagiert; und er hatte sich seinem Freund Gore Vidal als „Aushängeschild" zur Verfügung gestellt, als dieser 1965 für einen Kongreßsitz im Staat New York gegen den konservativen republikanischen Amtsinhaber kandidierte. Newmans Berühmtheit kam Vidal zugute, da sie große Menschenmengen anzog. Newman berichtete, daß 1.400 Menschen bei einer Kundgebung auftauchten, bei der er und Woodward als Attraktion angekündigt waren, aber die Presse brachte nur „eine Meldung auf Seite neun – und nur fünf Zentimeter lang. Nicht einmal Vidals Name wurde erwähnt. Es hieß nur: ‚Der Kandidat der Demokraten' habe eine Rede gehalten."

Bei McCarthy war das anders. Der Präsidentschaftswahl des Jahres 1968 ging einer der am hitzigsten geführten Wahlkämpfe in der Geschichte der Vereinigten Staaten voraus, und es war nicht zuletzt McCarthys starker Auftritt bei den Vorwahlen in New Hampshire im März desselben Jahres, der den amtierenden Präsidenten aus seiner eigenen Partei, Lyndon B. Johnson, dazu bewog, von seiner Kandidatur für eine weitere Amtszeit abzusehen. Im Juni wurde Senator Robert F. Kennedy während seines Wahlkampfs in Los Angeles ermordet. Newman gehörte zu den ersten Förderern McCarthys, und seine Unterstützung fiel in eine Zeit, in der die Kriegsgegner vom Großteil der Bevölkerung als Feiglinge oder sogar als Verräter verurteilt wurden. Newman, dessen Erscheinen immer die Medien auf den Plan rief, präsentierte sich dem Publikum nicht als Berühmtheit, sondern als um die Zukunft besorgter Vater, der in McCarthy den größten Hoffnungsträger sah. „Mir geht es nicht um politische Überzeugung", verkündete er. „Ich bin kein großer Redner. Ich bin kein Politiker. Ich bin auch nicht hier, weil ich Schauspieler bin. Sondern ich bin hier, weil ich sechs Kinder habe. Und ich will nicht, daß einmal auf meinem Grabstein steht: ‚Er hat die Zeichen der Zeit nicht erkannt.' Und die Situation ist zu brenzlig, um sich mit seiner Meinung in den eigenen vier Wänden zu verstecken."

Neben McCarthy versuchte noch ein anderer Politiker, die Wähler von New Hampshire für sich zu gewinnen: Richard Nixon. Nixon, der so konservativ war wie Newman liberal und den Spitznamen „Tricky Dick" hatte, machte einmal die gleiche Tour durch den Staat wie Newman. Ein Autohändler hatte Newman für drei Tage einen brandneuen Jaguar ausgeliehen. Als Newman ihn zurückgab, entdeckte er, daß der Wagen als nächstes an Richard Nixon ausgeliehen werden sollte. Immer zu Streichen aufgelegt, hinterließ er ihm folgende Notiz auf dem Armaturenbrett: „Lieber Mr. Nixon, Sie dürften keinerlei Probleme mit diesem Auto haben; die Kupplung ist nämlich verdammt tricky." („Tricky" bedeutet so viel wie „kompliziert, schwierig", aber auch „durchtrieben, raffiniert", Anm. d. Übers.)

Als im Jahre 1973 Richard Nixons Schwarze Liste veröffentlicht wurde, stand Newman mit an vorderster Stelle. Er führte dies gleichermaßen auf diese Notiz wie auf seine sonstigen Aktivitäten zurück. „Ich habe in meinem Leben schon so manche Auszeichnung erhalten", sagte er, „aber keine hat mich mehr entzückt und mir in den Augen meiner Kinder mehr Bewunderung verschafft als meine Plazierung als Nummer neunzehn auf Mr. Nixons Schwarzer Liste. Ein derartiges Lob hatte ich gar nicht erwartet, aber man sollte die Hoffnung ja niemals aufgeben."

Newman und der Dramatiker Arthur Miller gehörten zu den Delegierten aus Connecticut, die im August 1968 auf der landesweiten Versammlung der Demokraten McCarthys Interessen vertraten. Im Oktober 1969 waren Newman und Woodward unter den mehr als zweihundert Demonstranten, die vor der Amerikanischen Botschaft am Londoner Grosvenor Square gegen den Krieg protestierten. Am Ende des Jahres forderten er und andere Stars aus Protest gegen den Krieg zum Boykott ihrer eigenen Filme auf, obwohl sie am Umsatz beteiligt waren.

In *Machenschaften* (1970) versuchte Newman, seine politischen Ansichten und Aktivitäten mit seiner Arbeit zu verbinden. Er spielt einen gesellschaftlichen Außenseiter, der einen Job als Discjockey bei einem ultrakonservativen Radiosender in New Orleans an Land zieht, wo er allmählich einem rechtsradikalen Komplott auf die Spur kommt. Seiner Meinung nach handelt es sich um einen „Film mit unglaublichem Potential, aber der Produzent, der Regisseur und ich haben ihn versaut. Wir haben versucht, ihn politisch zu machen, aber es ist uns nicht gelungen."

Newman lehnt es ab, sich darüber Gedanken zu machen, wie seine politischen Ansichten ausgelegt werden. „In Hollywood fragen mich die Leute: ‚Warum gehst du ein Risiko ein? Mach dir doch keine Feinde'", erzählt er. „Ich sage dann nur: ‚Zieh Leine.' Schließlich habe ich immer noch meine Bürgerrechte. Oder habe ich die etwa verloren, als ich Schauspieler wurde? Was sie im Grunde von mir verlangen, ist, daß ich ein Mensch ohne Rückgrat werde. Ein Mensch ohne Rückgrat hat keine Feinde. Da mache ich mir doch lieber ein paar Feinde."

In den sechziger Jahren gründete Newman die No Sutch Foundation, um einen Teil seines Einkommens Gruppierungen zufließen zu lassen, deren Arbeit er unterstützen wollte. 1965 spendete er um die 100.000 Dollar, größtenteils an schwarze Bürgerrechtsbewegungen. 1970 übernahm er die Rolle des Erzählers in dem mit einem Oscar ausgezeichneten Dokumentarfilm „... *dann war mein Leben nicht umsonst" – Martin Luther King*; Regie führten Joseph L. Mankiewicz und Sidney Lumet.

Auch in den siebziger Jahren nahm Newman zu politischen Fragen öffentlich Stellung. In der *New York Times* wurden Briefe veröffentlicht, die er an den Herausgeber zu Themen wie Umweltschutz, arabischen Terrorismus, das Ölgeschäft, Bürgerrechte und atomare Abrüstung geschrieben hatte. 1978 war er unter den fünf Vertretern, die von Präsident Jimmy Carter zu einer Generalversammlung der Vereinten Nationen über Abrüstung entsandt wurden – eine Frage, mit der er sich auch in den Achtzigern immer wieder öffentlich auseinandersetzte.

Im Juni 1969 gründete Newman zusammen mit Barbra Streisand und Sidney Poitier die Produktionsgesellschaft First Artists, um die Finanzierung ihrer Filme, den Verleih und auch alle anderen Bereiche selbst zu kontrollieren. Wenig später kamen Steve McQueen und Dustin Hoffman dazu. Jeder verpflichtete sich, mindestens drei Filme zu machen. Von der größeren Kontrolle versprachen sie sich nicht nur bessere Filme, sondern auch höheren Gewinn – genau wie Mary Pickford, Douglas Fairbanks, Charlie Chaplin und D. W. Griffith, die fünfzig Jahre zuvor United Artists gegründet hatten.

Die Erwartungen sollten sich nicht erfüllen. In den etwas mehr als zehn Jahren, in denen die Firma im Geschäft war, gab es zwar ein paar beachtenswerte Erfolge – McQueens *Getaway* beispielsweise –, doch im allgemeinen taten die Stars und die Gesellschaft bei ihrer Auswahl keinen guten Griff. McQueen ist dafür ein gutes Beispiel. Sein zweiter Film war eine Adaptation des 1882 von Henrik Ibsen geschriebenen Stücks *Ein Volksfeind*, für die er sich nicht nur ein Gewicht von zweihundert Pfund zulegte, sondern auch einen Bart wachsen ließ, um seinem Gesicht einen düsteren Ausdruck zu verleihen. Erst 1977 kam der Film mit nur wenigen Kopien in den Verleih, doch war er immerhin besser als die meisten seiner letzten Filme. First Artists drohte McQueen mit einer Klage wegen Nichteinhaltung seiner Verpflichtungen und zwang ihn buchstäblich dazu, den katastrophalen Western *Tom Horn* (1980) zu drehen.

Die drei Filme, die Newman zusammen mit First Artists drehte, sind eine bunte Mischung. In *Zwei Haudegen auf Achse* (1971) spielt er Jim Kane, einen vom Pech verfolgten modernen Cowboy, der wie eine witzigere Ausgabe von Cool Hand Luke wirkt. *Unter Wasser stirbt man nicht* (1975) ist eine erfolglose Fortsetzung von *Ein Fall für Harper*. *Das war Roy Bean* (1972), ein Remake des Klassikers *In die Falle gelockt* von 1940 mit Gary Cooper und Walter Brennan, ist der beste dieser drei Filme. Newman in seiner Rolle als Richter, der sich selbst zum „Gesetz" westlich des Pecos erklärt, ist oft sehr witzig. Mit ihrer derben Komik gehören Jim Kane und Roy Bean zu Newmans interessanteren Rollen. Er selbst zählt sie zu seinen Favoriten.

Newman ließ sich auf den Handel mit First Artists gerade zu dem Zeitpunkt ein, als Autorennen sein Interesse von der Schauspielerei ablenkten. Er hatte schon immer ein

Mit Ava Gardner als Schauspielerin Lily Langtry in *Das war Roy Bean* (1972). Newmans Darstellung des Richters, der sich selbst zum Gesetz westlich des Pecos ernennt, ist ausgesprochen komisch.

Faible für Autos. In Beverly Hills fuhr er einen Volkswagen, zum Teil, um den Kult um extravagante Autos, der in Los Angeles zunehmend um sich greift, auf den Arm zu nehmen (allerdings steckten unter der Haube seines 63er Volkswagens ein Porsche-Motor und -Triebwerk und andere technische Raffinessen). Eines Abends fuhren e2 und Woodward zu einer festlichen Gala mit der englischen Prinzessin Margaret. Als die Gala zu Ende war, warteten mehrere hundert Partygäste darauf, daß ihre Autos vorgefahren wurden. Alle applaudierten, als Newman und Woodward in ihren Käfer stiegen und mit quietschenden Reifen davonbrausten.

Newmans große Leidenschaft waren Motorräder. Die Lambretta, die er in Manhattan gefahren hatte, hatte wirklich nur dazu gedient, im Verkehr besser voranzukommen. Als er in Beverly Hills wohnte, waren seine drei Motorräder dagegen ein Mittel zur Flucht aus dem Alltag. „Manchmal muß man einfach Dampf ablassen", sagte er 1966. „Dieses alte Untier auf der Veranda stehen zu haben und nach dem Abendessen

Der Rennfahrer P. L. Newman auf der internationalen Rennstrecke in Riverside in den frühen siebziger Jahren, kurz nachdem er mit dem Rennsport begonnen hatte.

damit an den Strand zu fahren, ist einfach toll. Ein paar Minuten später ist man schon lockerer."

Zur großen Erleichterung der Studiobosse, die immer befürchteten, er könne sich verletzen und damit die Produktionszeit überziehen, verkaufte Newman die Motorräder 1965 nach einem Unfall. Mit seiner blauen Triumph war er wegen einer Öllache auf dem Sunset Boulevard ins Schleudern gekommen und hatte die Kontrolle verloren. Die Reparaturkosten für das Motorrad beliefen sich auf 24 Dollar. Die für Newman waren erheblich höher. Er hatte Verbrennungen dritten Grades an beiden Beinen und Abschürfungen an mehreren Fingern erlitten, die Hauttransplantationen erforderlich machten. Newmans Begeisterung für alles, was mit Motoren zu tun hatte, wurde durch den Unfall nicht gedämpft und machte *Indianapolis* (1969) zu einem interessanten Drehbuch für ihn. *Indianapolis* ist gleichzeitig ein Beziehungs- und ein Actionfilm, in den Aufnahmen vom 500er Autorennen in Indianapolis 1967 eingestreut wurden. Im Zentrum stehen die Beziehungen zwischen Newman, einem Autorennfahrer, Woodward, der Mutter eines Teenagers (Richard Thomas), und Robert Wagner, Newmans Freund und Konkurrenten. Newman freundet sich mit dem Jungen an und verliebt sich in Woodward, mit der er eine Liebesaffäre beginnt. In einer Schlüsselszene erwischt er sie mit Wagner im Bett. Woodward erzählte Rex Reed von der *New York Times*, wobei sie auf drei Rollen anspielte, mit denen alle drei Hauptdarsteller identifiziert wurden: „Wir nennen den Film ‚Cool Hand Luke erwischt Rachel mit dem Mann ohne Namen in der Koje!'"

Während der Dreharbeiten entwickelte sich Newmans Begeisterung für Autorennen. Es begann damit, daß er um die Masten auf dem Parkplatz herumkurvte, und dann packte ihn der Ehrgeiz. Ihm wurde klar, daß Rennfahren ihm nicht nur Spaß machte, sondern daß er sich mit hartem Training mehr und mehr verbessern könnte, bis er buchstäblich ein ebenso guter Rennfahrer wie Schauspieler sein würde. Er behauptet, er sei ein schrecklicher Tänzer, ein furchtbarer Tennisspieler und ein miserablerSkiläufer, aber sein Fahrstil beim Rennen sei außerordentlich elegant.

„Ich habe eines Tages einfach gesagt: Warum nicht?", erklärte er. „Es ist doch toll zu sagen: ‚Das will ich tun, das wird mir bestimmt Spaß machen.' Und dann bist du überrascht, weil es wirklich Spaß macht. Es macht einfach Spaß. Das ist alles."

Außerdem steht das Rennfahren für Newman in starkem Kontrast zur Schauspielerei, die ein völlig subjektives Unternehmen ist. „Als Schauspieler gibt es für mich keinen Konkurrenzkampf, denn ein Schauspieler steht nicht im Wettbewerb. Wogegen sollte man antreten? Beim Autorennen gibt es nur Gewinnen oder Verlieren. Man fährt über die Ziellinie, und entweder kommt man als erster oder zweiter herein, oder als neunter – oder gar nicht." Wie auch immer. Newman empfindet dabei die gleiche Befriedigung, die eine gelungene schauspielerische Leistung – oder irgend etwas anderes – in ihm hervorruft. „Ich schätze, der größte Kick [ist es], ein Rennen oder eine Etappe zu fahren und ein gutes Gefühl dafür zu entwickeln, was man aus der Maschine herausholen kann. Irgendwo möchte ich bei der ganzen Sache das Gefühl haben, daß ich so schnell gefahren bin, wie es das Auto erlaubt, und daß ich meine eigene Bodenhaftung bis an die Grenze ausgereizt habe. Das gibt mir das gleiche gute Gefühl für mich selbst, das ich auch verspüre, wenn ich eine Szene hingekriegt habe."

Weiter erzählt er: „Vier Jahre nach *Indianapolis* fand ich die Zeit, mir eine Lizenz zu besorgen, und begann mit dem Rennsport." Das war 1972. Er fing ganz unten an und fuhr einen Sedan für den Sports Car Club of America. 1976 gewann er seine erste Amateur-Landesmeisterschaft in der D-Klasse. 1977 wechselte er zu den Profis. 1979, inzwischen vierundfünfzig Jahre alt, fuhren er und seine beiden Co-Piloten im 24-Stunden-Rennen von Le Mans als zweite durchs Ziel. Sie hätten sogar fast gewonnen, da das führende Fahrzeug wegen Problemen mit der Treibstoffzufuhr vorübergehend außer Gefecht gesetzt war. Doch dann hatte ihr ähnlich gebauter 935er Twin Turbo Porsche Motorprobleme, und sie konnten von Glück sagen, daß sie den zweiten Platz halten konnten, da ihr Auto, das Geschwindigkeiten von bis zu 220 Stundenkilometern erreicht hatte, mit absterbendem Motor buchstäblich im Leerlauf über die Ziellinie rollte. 1985 und 1986 wurde Newman zum dritten und vierten Mal Landessieger beim Sports Club of America. Heute fährt er zwar nicht mehr regelmäßig Rennen, er ist jedoch, zusammen mit den Fahrern Mario und Michael Andretti, Nigel Mansell und Paul Tracy, immer noch Mitbesitzer von Newman-Hass Indy Car. Im Februar 1995, kurz nach seinem siebzigsten Geburtstag, kehrte er noch einmal zum Rennsport zurück und wurde mit seinen Kollegen Mark Martin, Michael Brockman und Tommy Kendall vom Roush Racing Team im Rolex-24-Stunden-Dauerrennen in Daytona Beach, Florida Sieger in seiner Klasse. In der Gesamtwertung belegten sie den dritten Platz. Damit war Newman der älteste Gewinner in einem Profi-Autorennen.

Sein Auto wurde von Paramount Pictures gesponsert, ein Dankeschön für den Erfolg von *Nobody's Fool – Auf Dauer unwiderstehlich*. Nach der Verkündigung der Oscar-Nominierungen erschien eine ganzseitige Anzeige in der *New York Times*. Im Titel wurden die Namen der beiden Nominierten (Newman als bester Hauptdarsteller und Regisseur Robert Benton für die beste Inszenierung) aufgeführt, danach Newmans Preise

Indianapolis (1969). **Die Arbeit an dem Film weckte Newmans Begeisterung für das Autorennen. Joanne Woodward nahm seine Leidenschaft als Tatsache hin. Allerdings sagte sie einmal: „Jeder Gedanke, den man an einen Trans-Am-Motor verschwendet, ist einer zu viel."**

als bester Darsteller, die ihm vom New York Film Critics Circle und von der National Society of Film Critics verliehen worden waren. Darunter war in Fettdruck zu lesen: „Gewinner, GTS-1, 24-Stunden-Rennen von Daytona". Und in noch fetterer Schrift: „Paul Newman". Erst dann folgten Zitate, in denen der Film gelobt wurde.

Newman liebt den Rennsport, aber er haßt die Rudel von Reportern und Photographen, die sein Erscheinen immer auf sich zieht, und die Auswirkungen, die das nicht nur auf ihn, sondern auch auf die anderen Fahrer hat. So drängte seine gute Plazierung in Le Mans den Sieg der Brüder Don und Bill Whittington in den Hintergrund. „Meine Teilnahme an den Rennen hier rückt das Team zu sehr in den Mittelpunkt des Interesses", erklärte er nach dem Rennen, und es sei ungewiß, ob er weitermachen werde. „Es lenkt von den Leuten ab, die die wirkliche Arbeit tun." Er hält weiter daran fest, daß der Rennsport etwas Besonderes in seinem Leben ist, das nur ihm und nicht der Öffentlichkeit gehört. Seine übliche Reaktion auf Reporter, die ihn auf der Rennbahn interviewen wollen, ist: „Warum wollen Sie mit mir sprechen? Weil ich ein Filmstar bin?" Nach seinen ersten Erfolgen und Titelgewinnen hoffte er offenbar, daß jemand ihn ausschließlich zum Rennsport befragen wollte. Newman weiß nur zu gut, was es bedeutet, im Licht der Öffentlichkeit zu stehen, und versucht deshalb seine Interessen so weit wie möglich zu schützen. Selbst bei einer der wenigen Gelegenheiten, wo er auf amüsante Weise bedrängt wurde – Newman rieb gerade seine Rennfahrerhandschuhe mit Eiswürfeln ein, um das Leder steif zu machen, als jemand ihm zurief: „Also darum nennt man Sie Cool Hand Luke" –, wandte er nicht einmal den Kopf, um zu sehen, wer die Bemerkung gemacht hatte, obwohl er den Satz später oft und gern zitierte. „Es spielt für mich keine Rolle, was die Leute über meine Schauspielerei erzählen", sagte er bei einem Rennen kurz nach Le Mans. „Man hat mich beleidigt, und man hat Lügen über mich erzählt. Aber wenn jemand meinen Rennsport in den Schmutz zieht, dann ist das etwas anderes."

Woodward reagierte auf Newmans Rennsport-Aktivitäten, indem sie sie als gegebene Tatsache hinnahm und versuchte, das Beste daraus zu machen, auch wenn sie einmal bemerkte: „Jeder Gedanke, den man an einen Trans-Am-Motor verschwendet, ist einer zu viel." Sie selbst zieht die subtile Kraft des Balletts der brutalen Kraft des Autorennens vor.

„Sie war in all der Zeit das Beste, was ich hatte", meint Newman. „Nie hat sie mich unter Druck gesetzt, um mich zu etwas zu bewegen, das ich eigentlich nicht wollte. Nun ja, ich weiß nicht so genau, ob das hundertprozentig stimmt. Sie hat schon bestimmte Wünsche. Inzwischen genieße ich alles, was das Theater zu bieten hat. Nachdem ich *Giselle* zum neunzehnten Mal gesehen hatte, habe ich mich allerdings dann doch gesträubt. Aber Joanne und ich haben … [eine] Vereinbarung. Es gibt einiges, wo ich von mir aus nicht hingehen würde, aber mit ihr zusammen schon." Zum Beispiel? „Zur sechsundvierzigsten Vorstellung von *Giselle*."

Während der siebziger und achtziger Jahre plante Newman seine Filme überwiegend so, daß er die Zeit von Mai bis Oktober für Autorennen nutzen konnte. Dies bedeutete freilich, daß er Filme wie *Flammendes Inferno* (1974), *Quintett* (1978) und *Der Tag, an dem die Welt unterging* (1979) drehen mußte. Doch gerechterweise sollte man darauf hinweisen, daß in dieser Zeit auch *Der Mackintosh-Mann* (1973), eine Spionagegeschichte nach dem Drehbuch von Walter Hill und unter der Regie von John Huston, *Der Clou* (1973) mit Robert Redford und *Buffalo Bill und die Indianer* (1976), nach dem Theaterstück von Arthur Kopit und unter der Regie von Robert Altman, entstanden. Darüber hinaus war Newman einer von vielen Stars, die in kurzen Szenen in *Mel Brooks' letzte Verrücktheit: Silent Movie* (1976) auftraten, in dem nur ein einziges Wort gesprochen wird, und zwar von dem Pantomimen Marcel Marceau: „Nein." Damit ergibt sich, ähnlich wie in den Jahrzehnten davor, eine Reihe von Erfolgen und Mißerfolgen in seiner Karriere. Der springende Punkt jedoch ist, daß die Begeisterung für eine Sache, die nichts mit der Tretmühle des Filmgeschäfts zu tun hat, sich nicht nur vorteilhaft auf seine Qualitäten als Rennfahrer, sondern auch auf die als Schauspieler ausgewirkt hat. Zumindest nach Meinung seiner Frau, wie Newman erzählt: „Ihre Theorie ist, daß ich als Schauspieler gelangweilt war, weil ich einfach nicht mehr aus meiner Haut herauskonnte und anfing, mich zu wiederholen. Sie sagt, daß sie glaubt, ein Teil meiner Leidenschaft für den Rennsport habe jetzt meine Schauspielerei neu belebt."

Für diese Theorie gibt es gute Beweise. In den frühen siebziger Jahren entwickelte Newman sich vom Hauptdarsteller zum Charakterdarsteller. Das Gewicht der Filme verlagerte sich von seinem schönen Gesicht und seinen muskulösen Schultern auf subtilere schauspielerische Nuancen. Dies gab ihm Raum für sehr interessante Darstellungen, denn es bedeutete, daß er auch urwüchsige und schrullige Typen verkörpern konnte, ohne dabei seinen Status als Star zu verlieren.

Detective Dennis Murphy in *The Bronx* (1981) ist dafür ein gutes Beispiel. Vierzehn von seinen achtzehn Jahren bei der New Yorker Polizei hat Murphy auf dem Revier in der Süd-Bronx verbracht. Es ist das heruntergekommenste Viertel der Stadt: In den Fünfzigern wurde es durch den Bau einer Autobahn dezimiert, in den Sechzigern von der Mittelklasse verlassen, in den Siebzigern von Brandstiftern in Schutt und Asche gelegt. Ganze Blocks wurden abgebrannt und dem Erdboden gleichgemacht. Der Zustand des Viertels erinnert an Berlin am Ende des Zweiten Weltkrieges. Die Anwohner sind größtenteils verarmte Schwarze und Puertoricaner. Die Frustration der Polizei und anderer sozialer Einrichtungen in einer so hoffnungslosen Umgebung ist unverkennbar. Murphy erträgt das alles, so gut er kann, und wenn er sich mit Schnaps betäuben muß. Als sein neuer junger Partner zu ihm sagt: „Du mußt in Kontakt mir dir selbst bleiben", erwidert er: „Wenn ich es versuche, ist die Leitung jedesmal besetzt."

Doch nachdem er sich jahrelang aus allem herausgehalten hat, wird Murphy durch die Ereignisse plötzlich gezwungen, Partei zu ergreifen. Er verliebt sich in Isabella (Rachel Ticotin), eine puertoricanische Krankenschwester, die heimlich dem enormen Druck im Krankenhaus mit einem gelegentlichen Schuß Heroin entflieht, was schließlich zu ihrem Tod durch eine verseuchte Spritze führt. Er hat ständig Kompetenzstreitigkeiten mit seinem Vorgesetzten, Connolly (Ed Asner). Und – dies ist der eigentliche Plot des Films – er steht vor der Entscheidung, zwei Kollegen von der Polizei anzuzeigen, die er dabei beobachtet hat, wie sie einen Tatverdächtigen vom Dach warfen. Pauline Kael bezeichnete Newmans Darstellung in der *New York Times* als „so gut wie perfekt".

Ursprünglich hatte Steve McQueen die Rolle des Murphy spielen sollen. Aber nachdem er ausgeschieden war, übernahm Newman die Rolle für eine Gage von 3 Millionen Dollar und eine prozentuale Umsatzbeteiligung. Für diesen Film wurde er nicht nur mit Geld und wunderbaren Kritiken, sondern auch mit einer interessanten Rolle in einem weiteren Film belohnt. Während der Dreharbeiten von *The Bronx* an den Originalschauplätzen behaupteten verantwortungslose Zeitungsberichte, der Film sei rassistisch. Straßenproteste und die Klage einer Bürgerinitiative gegen Newman und die Produktionsgesellschaft waren die Folge.

RECHTS
In *Der Mackintosh-Mann* (1973), einem Spionage-Thriller unter der Regie von John Huston. Newman war als Witzbold bekannt, und während der Dreharbeiten stieß er eine Puppe die genauso ge-kleidet war wie er selbst, von einem zwanzig Meter hohen Balkon. Etwa fünfzehn Sekunden später „winkte ich allen von oben fröhlich zu … es kam mir gar nicht in den Sinn, daß das bei irgend jemandem – Huston vielleicht – einen Herzanfall auslösen könnte." Danach schränkte er seine Streiche doch ein wenig ein.

„Es ist kein rassistischer Film", erklärte Newman. „Er geht schonungslos mit Puertoricanern, Schwarzen und dem ganzen Umfeld um, aber die Bösewichte sind die beiden irischen Cops, die einen Puertoricaner vom Dach werfen. Natürlich gibt es auch puertoricanische Banker in der Süd-Bronx. Aber es ist ein Polizeifilm, und es wäre doch etwas ungewöhnlich, wenn da ein puertoricanischer Banker zum diensthabenden Beamten kommen und sagen würde: ‚Ich bin ein puertoricanischer Banker und möchte Ihnen gerne eine Hypothek auf Ihr Haus in Hunt's Point geben.'" Zudem wies Newman darauf hin, daß es weder ein Krankenhaus noch eine High School in diesem Bezirk gebe, und schlug der Gruppe vor, lieber diese Mißstände publik zu machen.

Die Erfahrungen im Umgang mit den leichtfertigen Zeitungsmachern waren Anlaß für die Produktion des Films *Die Sensationsreporterin* (1981), in dem Michael Gallagher, der Sohn eines toten Mafioso, eine ganz legale Firma betreibt, zusammen mit seinem Onkel, der seine einzige Verbindung zur Mafia ist. Ein FBI-Beamter, der Gallagher in Verdacht hat, etwas mit dem Verschwinden eines Gewerkschaftsführers zu tun zu haben, spielt der Reporterin Megan Carter (Sally Field) jedoch teilweise unwahre Informationen zu, weil er hofft, Gallagher damit zur Zusammenarbeit zu zwingen. Megan veröffentlicht ihre Story in gutem Glauben, daß ihre Informationen korrekt sind. Als ihr Irrtum zum Selbstmord einer unschuldigen Frau führt, die bei der Jagd zwischen die Fronten geraten ist, tritt Gallagher seinen Rachefeldzug gegen den Beamten und gegen die Zeitung an.

Newman stellte fest, daß er sich inzwischen anders auf seine Rollen vorbereitete. Anstatt sich schon frühzeitig die Schauplätze anzusehen oder sich in einem Flugzeug zu betrinken, um eine Rolle auszuloten, verwandte er nach so vielen Jahren Schauspielerfahrung „nicht mehr so viel Mühe auf etwas, das letztlich gar nicht notwendig ist. Man probiert nicht mehr so viel herum. Man trifft eine Entscheidung, was der innerste Kern der Rolle ist. Nun, ich weiß nicht, ob das gut oder schlecht ist", sagt er mit mehr Bescheidenheit als nötig, „vielleicht ist es ja auch nur Faulheit." Als Beispiel dafür, wie er den Kern einer Rolle erfaßt, führt er die Art und Weise an, wie er in dem Film *The Verdict – Die Wahrheit und nichts als die Wahrheit* den Anwalt Frank Galvin einem Arzt auf der Straße hinterherlaufen läßt. Galvin braucht dringend das Testament des Arztes, um seinen Fall zu retten, und Newman sagt, er habe die Szene so gespielt „wie ein Hund hinter jemandem herläuft, der einen Knochen in der Hand hält: seitlich." In *Die Sensationsreporterin* ssetzte er seine eigene Mimik sparsamer als sonst ein. „Er wußte eine Menge", erklärt Newman, „und Menschen, die eine Menge wissen, machen nicht sehr viel mit ihrem Körper." Newman ist auch der Ansicht, daß seine Darstellungen jetzt selbstsicherer sind als früher, und verweist auf Galvins dramatisches Plädoyer vor den Geschworenen: „Die Gefühle waren da, aber sie kamen nicht so offensichtlich zum Ausdruck."

Obwohl Newman in seinem Leben an vielen Schlägereien beteiligt war, hat er bis heute Schwierigkeiten damit, physische Gewalt bei Filmaufnahmen einzusetzen. Es ist eine Sache, in *Die Hölle ist in mir* einen Treffer bei einem Boxer zu landen oder einen gebremsten Schlag in *Ein Fall für Harper* auszuteilen, aber es ist etwas ganz anderes, jemanden wirklich hart in die Mangel nehmen zu müssen. In *Die Sensationsreporterin* gibt es eine Szene, in der Gallagher Megan niederschlägt und ihre Bluse zerreißt, und es hat Newman einige Überwindung gekostet, dies überzeugend darzustellen. „Er hat immer wieder versucht zu mogeln", erzählte Sally Field.

Wenn er eine historische Rolle spielt wie Earl Long, den Gouverneur von Louisiana in *Blaze – Eine gefährliche Liebe*, oder den General Leslie Groves in *Die Schattenmacher*, der die Entwicklung der Atombombe in Los Alamos beaufsichtigte, informiert er sich zuvor gründlich über die Person. Er liest über sie und sieht sich, wenn möglich, Filmausschnitte an, um sich ihre Sprachmuster und ihren Gang anzueignen. „Man dringt zum Wesenskern der Personen vor und läßt das eine Weile auf sich wirken", sagt er. Romanfiguren dagegen entwickeln sich aus seiner Vorstellungskraft.

Ob es nun um eine reale oder erfundene Figur geht – „eine von Pauls größten Stärken als Schauspieler ist sein uneingeschränktes Mitgefühl", sagt der Regisseur Robert Benton. „Das spiegelt sich in seinen politischen wie in seinen karitativen Aktivitäten wider. So wie unser Charakter bei all dem, was wir tun, offenbar wird, so tritt bei ihm das Mitgefühl für die Menschen, die er spielt, zutage. Er spielt sie nicht von außen. Er lebt in ihnen und glaubt an sie. Und er versucht auch nicht, sie zu rechtfertigen." Manche Schauspieler, so Benton, wollen immer, daß ihre Rolle sympathisch wirkt, selbst wenn es die Rolle eines Schurken ist, weil sie „glauben, daß niemand *denkt*, daß er ein Schurke ist. Aber Paul will ihn nicht netter machen, als er ist, er will ihn nicht vielschichtiger machen, als er ist. Er will nur die Person verstehen, die er spielt, und indem er in ihr lebt, ohne sie zu verurteilen, eine Art Mitgefühl für sie wecken."

Sein Hank Stamper in *Sie möchten Giganten sein* (1970) ist ein eigenwilliger, schwieriger Kauz, dem jedes soziale Bewußtsein fehlt, ein Mann, der eher seine Frau aus dem Haus treibt, als sein Prinzip aufzugeben – sein Prinzip, daß man selbst wichtiger ist als jeder andere, insbesondere die Gemeinschaft. Er steht im Brennpunkt des Films, wie auch Henry Fonda, der seinen ebenso sturen Vater spielt. Nicht geistige Höhenflüge, sondern harte körperliche Arbeit und der Kampf gegen die feindliche Natur bestimmen die Haltung der beiden Männer. Im Vergleich dazu haben Freundschaften und die Gemeinschaft keine Bedeutung. Henry Stamper würde lieber sterben, als sich der Gesellschaft anzupassen, und Hank ist aus demselben Holz geschnitzt.

Henrys Arm wird von einem Baum zerquetscht und muß amputiert werden. Nachdem sein Vater gestorben ist und seine Frau ihn verlassen hat, bringt Henry, ungeachtet dessen, daß alle anderen Holzarbeiter streiken, eine Ladung Baumstämme flußabwärts.

Henrys abgetrennter Arm ist am Mast des Schleppers befestigt, sein erhobener Mittelfinger ein Signal für seine Verachtung. Die Geste ist so komisch wie erschreckend, und sie bringt es auf den Punkt.

Daß Newman in seiner Rolle sehr gut ist, wäre unter normalen Umständen nicht erwähnenswert. Aber er gibt selbst zu, daß er zu jener Zeit viel zu viel Scotch getrunken hat. „Eine Zeitlang hat mich das echt fertiggemacht ... Ich hätte mir damals sogar vorstellen können, an Kronleuchtern zu schaukeln. Dazu stellte ich eine Menge Blödsinn mit Autos an – ein durchweg unmögliches Benehmen." Dies ist so gut wie alles, was er dazu sagt. Und: „Ich wüßte nicht, was das die Öffentlichkeit angeht." Sein größter Beitrag zu dem Film spielte sich allerdings hinter der Kamera ab: Schon bald nach Beginn der Dreharbeiten in Oregon übernahm er wegen Differenzen mit dem ursprünglichen Regisseur Richard Colla auch die Regie.

Newman sagt, die Regiearbeit an diesem Film (es war seine zweite) „war ein Job, den ich weder gewollt noch gesucht habe. Aber ich hatte einfach Angst, daß irgend so ein Typ daherkommt und uns zwei Wochen herumsitzen läßt, während er sich überlegt, was er mit dem Film machen will." Aber Regie war schon damals in Yale sein Fach gewesen, und jetzt war die Zeit endlich reif dafür.

Es war keine leichte Arbeit. Eine Woche, nachdem er die Regie übernommen hatte, stürzte er bei den Proben für eine Motorradszene und brach sich den Knöchel. Da er in den meisten verbleibenden Szenen spielen mußte, war die Produktion für mehrere Wochen lahmgelegt. Das war ein Schlag für Newman, der stolz darauf ist, daß er nie einen Drehtag ausfallen läßt und immer pünktlich erscheint. Er sagt, daß er in vier Jahren am Broadway nur eine einzige Vorstellung (wegen Grippe) und bis zu seinem Unfall nur fünf Drehtage (ebenfalls wegen Grippe) absagen mußte. Robert Benton, sein Regisseur in *Nobody's Fool – Auf Dauer unwiderstehlich*, erklärt: „Paul ist der größte Gentleman, den ich kenne. Er ist immer pünktlich und immer zu allen freundlich." Newmans eigenes Beispiel zeigt dabei am besten, wie man als Regisseur durchsetzt, daß auch die anderen Stars pünktlich sind. Wenn sie es nicht sind, hilft Newman bei gewohnheitsmäßigen „Zuspätkommern" mit sanftem Druck nach: So überreichte er Robert Redford einmal eine gerahmte Stickerei, auf der stand „Pünktlichkeit ist die Höflichkeit der Könige."

Unter künstlerischen Gesichtspunkten war es schwer, die große Botschaft von Ken Keseys Roman (er schrieb auch *Einer flog übers Kuckucksnest*), der das Recht des Individuums betont und sich gegen Autoritätsgläubigkeit wendet, glaubwürdig filmisch umzusetzen. „Ich denke, ich habe einen ganz guten Film gemacht", sagt Newman. „Ich weiß nicht, ob er Kesey gerecht wird. Aber das Buch war wie eine Art Halluzination, und ich sah einfach keine andere Möglichkeit als eine lineare Vorgehensweise." In einer unvergeßlichen Szene wird Hanks Cousin (Richard Jaeckel) von einem gefällten Baum getroffen und in seichtes Wasser gestoßen; seine Beine werden unter dem Baum begraben. Hank ist seine einzige Rettung, aber dieser kann den Baum nicht von der Stelle bewegen. Dann kommt die Flut, und die Hoffnung, daß das steigende Wasser den Stamm anheben wird, bevor der Kopf seines Cousins unter Wasser verschwindet, erweist sich als vergeblich.

Als Hank Stamper in *Sie möchten Giganten sein* (1970) versucht er, den Kopf seines Cousins Joe Ben, der unter einem Baumstamm eingeklemmt ist, über Wasser zu halten, während die Flut steigt. Bei den Voraufführungen „schaute ich die Sitzreihen entlang, und die Leute stießen ihre Füße unter die Vordersitze. Jeder war bemüht, den Stamm von ihm wegzuhalten." Es war der zweite Spielfilm, bei dem Newman Regie führte.

Newman mag diese Szene ganz besonders. „Es war ein Genuß, in der Voraufführung zu sitzen, als diese Szene lief. Ich schaute die Sitzreihen entlang, und die Leute stießen ihre Füße unter die Vordersitze. Jeder war bemüht, den Stamm von ihm wegzuhalten. Es war unglaublich, wie sie versuchten, ihm das Leben zu retten."

In einem Vergleich von *Sie möchten Giganten sein* mit Actionfilmen aus den Dreißigern über „Thunfischfänger, Buschpiloten, Starkstrom-Mechaniker und jede Art von harter körperlicher Arbeit, die man sich nur vorstellen kann" schrieb Vincent Canby von der *New York Times*: „Seit Edward G. Robinson in [Howard] Hawks' *Tiger-Hai* seine Hand verloren hat, habe ich kaum etwas Melodramatischeres gesehen als die Baumfäller- und Actionszenen, die Mr. Newman überraschend wirksam einsetzt, und das nicht, um den herrschenden Zeitgeschmack zu treffen, sondern weil er zutiefst von dem Stoff überzeugt ist."

Hank Stamper war ein Leinwandheld wie aus den Dreißigern, lag aber ganz auf Newmans Linie. Bei Reggie Dunlop in *Schlappschuß* (1977) war das nicht der Fall. Dunlop, der neununddreißigjährige Trainer einer unbedeutenden Hockeymannschaft, ist ziemlich am Ende. Seine Lieblingskleidung sind geschmacklose Lederanzüge mit Schlaghosen, sein Wortschatz besteht vorwiegend aus Obszönitäten. Reggies großkotzige Sprache, die der Rolle total angemessen ist, schockierte viele Newman-Fans.

„Also, das ist deren Problem", meint Newman dazu. „Der Film lebt nun mal von der Atmosphäre des Umkleideraums. So war er angekündigt, und so ist er auch. Er hielt sich eng an das Drehbuch. Ich mag es überhaupt nicht, wenn Sprache nur eingesetzt wird, um einen Film aufzumotzen. Als George Roy Hill mir das Buch gab, dachte er, ich hätte Bedenken wegen der Sprache. Ich sagte: ‚Machst du Witze? Das ist das Glaubwürdigste, was ich seit wer weiß wie langer Zeit gelesen habe. Natürlich werde ich ihn machen.'"

Newman erinnert sich mit Vergnügen daran, wie der Film für das Fernsehen geändert und an dessen zeitliche Vorgaben angepaßt werden sollte. „Da gab es einen wunderbaren ungarischen Cutter mit Namen André bei ABC. Er rief mich an und sagte: ‚ABC hat *Die Liebe eines Sommers* fürs Fernsehen gekauft. Es ist ein großartiger Film, aber ich werde dreiundzwanzig Minuten herausschneiden müssen. Wollen Sie herkommen und mir dabei helfen? Dann können Sie bestimmen, was wegfällt.' Ich antwortete: ‚Ja, danke. Sehr liebenswürdig.'

Zwanzig Jahre später rief er mich wieder an: ‚Hallo, hier ist André.' Ich fragte: ‚André?' Er sagte: ‚Ja, ABC, wir haben damals den Schnitt für *Die Liebe eines Sommers* zusammen gemacht.' Ich sagte: ‚Oh ja, hallo, wie geht's denn so?' Er sagte: ‚Wir haben gerade *Schlappschuß* gekauft. Da haben wir 176 mal ‚Fuck' drin!'"

Newman lacht schallend. „Er hat einen Film nicht danach bewertet, ob Anfang, Mitte und Ende gut sind. In diesem Film gab es 176 ‚Fucks', und er wußte nicht, was er damit machen sollte. Schließlich hat George Roy Hill sich daran gesetzt, und wir haben zusammen ein paar von den Wörtern entschärft und den Film ein bißchen weniger ordinär gemacht. Was war das für ein wunderbarer Film! George findet nicht, daß er in der Fernsehfassung viel verloren hat. Ich finde, er hat eine Menge verloren."

Mit den anderen beiden Filmen, in denen Newman Regie führte, *Die Wirkung von Gammastrahlen auf Ringelblumen* (1972) und *Harry & Sohn* (1983), lief es nicht so gut wie bei *Die Liebe eines Sommers* und *Sie möchten Giganten sein*. Das Grundproblem bei *Ringelblumen* ist der Stoff. Joanne Woodward spielt Beatrice, eine schrullige Witwe und Mutter zweier Töchter, die mit anderen ebenso geringschätzig umgeht wie mit sich selbst. Ihr groteskes Benehmen soll schockierend und gleichzeitig mitleiderregend wirken. Aber sie besitzt auch komische Züge: „wie eine schlagfertige Tunte", so Canbys Beschreibung. „Das ist ein grundlegendes Problem, wenn schrullige Typen in einem ernsten Stück auftreten. Wie oft lachen wir über diese Vogelscheuchen, und wie oft lachen wir mit ihnen? … Der Stoff verlangt eigentlich eine Art Meisterschaft der Mittelmäßigkeit von allen Beteiligten, vom Production Designer bis hin zu den Schauspielern. Da kann man sich gar nicht genug zurücknehmen." Newman bezeichnet er als einen begabten Regisseur mit „klarem und geradlinigem Stil". Am meisten lobt er jedoch den Auftritt von Nell Potts, Newmans Tochter Elinor, die die süßere der beiden Töchter von Beatrice spielt: ihre „reizende, feierliche Darstellung in einem Film, der ansonsten ebenso trocken wie übertrieben geschäftig ist, genau wie Beatrice selbst."

Das Hauptproblem bei *Harry & Sohn* ist, daß er von seiner Ernsthaftigkeit erdrückt wird. Newman spielt Harry, und Woodward ist seine Nachbarin und Freundin seiner Frau, die inzwischen zwei Jahre tot ist. Der Konflikt des Films spielt sich zwischen Vater und Sohn ab. Der Sohn versucht, seinen Weg zu finden, doch der Vater will ihm seine eigenen Vorstellungen aufzwingen. In mancher Hinsicht ist der Film ein Vorläufer zu *Nobody's Fool – Auf Dauer unwiderstehlich*. Harry arbeitet als Bauarbeiter, er schwingt die Abrißbirne auf einem Kran. (Was vielleicht als Metapher zu verstehen ist.) Er lebt mit seinem Sohn Howard (Robby Benson) zusammen, der es vorzieht zu surfen, statt im Büro zu sitzen, und der lieber in einer Autowaschanlage arbeitet, um mehr Zeit am Strand verbringen zu können. Howards wahres Streben aber gilt der Kunst. Nachts schreibt er an einem Roman – was Harry überhaupt nicht verstehen kann. Beide lieben sich, können aber keine Worte dafür finden. „Gestern noch Musterschüler, heute Autowäscher", sagt Harry verächtlich zu Howard. „Such dir eine vernünftige Arbeit."

Unterdessen wird Harry selbst arbeitslos, nachdem er aufgrund einer wiederholt auftretenden Sehschwäche beinahe einen anderen Arbeiter mit der Abrißbirne getroffen hätte, und muß feststellen, daß ihn niemand mehr einstellen will. Er geht zu seinem Bruder Tom (Wilford Brimley), der einen Secondhand-Laden führt. Es wird deutlich, daß Harry diesem Geschäft nichts abgewinnen kann.

„Was soll daran so toll sein? Irgendeinen Nervenkitzel muß es doch geben. Ladendiebe vielleicht?"

Harry erzählt Tom schließlich, daß er arbeitslos ist, weil „meine Augen mir wieder mal einen Streich gespielt haben".

Der fragt: „Willst du darüber reden?"

„Das habe ich doch gerade getan."

Harry ist, wie die meisten von Newmans Figuren, kein großer Redner. Später, nachdem Howard wieder einmal eine Arbeit geschmissen hat, sagt er: „Für Jungs wie dich ist nichts gut genug. Jungs wie du brechen unserem Land das Rückgrat. Es ist der reinste Hohn: Ich will arbeiten und kann nicht. Du kannst arbeiten und willst nicht."

Harry stirbt, bevor er und seine Kinder ihre Gefühle ins reine bringen können. Als der Film in den Verleih kam, wurde spekuliert, ob Newman in dem Drehbuch, das er zusammen mit Ronald L. Buck geschrieben hatte, seine Beziehung zu seinem Sohn Scott verarbeitet hat, der 1978 gestorben war. Newmans Antwort war direkt: „Trauer ist kein Romanstoff." Wenn es in *Harry & Sohn* eine Parallele zu Newmans Leben gibt, ist sie viel eher in der Beziehung zu finden, die er zu seinem Vater hatte beziehungsweise nicht hatte, und nicht darin, was mit seinem Sohn passiert ist. Die Einstellung zum Geschäft seines Bruders spiegelt mit Sicherheit Newmans Ansichten über die Firma seines Vaters und seines Onkels in Cleveland wider:

„Hast du schon einmal an Secondhand-Klamotten gedacht?", fragt Tom Howard.

„Er findet Secondhand-Klamotten nicht gerade romantisch", unterbricht ihn Harry (eine Anspielung auf Newman, der einige Jahre zuvor Ähnliches geäußert hat).

„Nun, es hat seinen eigenen besonderen Charme, Junge, das kann ich dir sagen", erwidert sein Onkel. Aber als Harry Einzelheiten wissen will, lachen alle.

Die Farbe des Geldes (1986) mit Tom Cruise war keine Fortsetzung von *Haie der Großstadt*, sondern eher eine direkte Wiederaufnahme des Lebens von Fast Eddie Felson, nachdem fünfundzwanzig Jahre vergangen waren. Nach sieben Nominierungen erhielt Newman endlich einen Oscar als bester Schauspieler.

Newman ist immer zurückhaltend in Gesprächen gewesen, in denen es um Einzelheiten der Entfremdung zwischen ihm und Scott ging. Wie kann ein junger Mensch zu sich selbst finden, wenn er in einem so gewaltigen Schatten steht? Ein Vater, der helfen will, wird vom Sohn oft als Vater gesehen, der ihm im Weg steht. Scott war neunzehn Jahre alt, als Butch Cassidy, eine der größten romantischen Figuren einer ganzen Generation von Kinogängern, das Land in Bann schlug. Nach allem, was man hört, hatten die beiden zu dieser Zeit schon weitgehend miteinander gebrochen. Scott, der so gut aussah wie Paul, versuchte sein Glück als Schauspieler, arbeitete als Stuntman und hatte einen Teilzeitjob als Sänger in einem Nachtklub.

Newman war gerade am Kenyon College und führte bei einem Stück Regie, als er den Anruf erhielt, sein Sohn Scott sei an einer Überdosis Drogen und Alkohol gestorben. Als er einige Jahre später befragt wurde, wie er in diesem Moment reagiert habe, wirkte er angespannt, als er antwortete: „Eigentlich hatte ich den Anruf schon seit zehn Jahren erwartet. Irgendwie hatte mein Körper eine Art Betäubungsmittel für den Moment aufgebaut, in dem es wirklich passiert. Es ging … eine Menge in mir vor, als ich diesen Anruf bekam. Mehr als alles andere war ich wohl stinksauer … Scott und ich waren einfach nicht mehr in der Lage gewesen, uns gegenseitig zu helfen. Ich hatte ihm nicht mehr helfen können, und er hatte sich selbst nicht mehr helfen können. Ich hatte einfach nichts mehr ändern können. Nicht das geringste … Ich habe einfach erkannt, daß meine Versuche, ihm zu helfen, alles andere als hilfreich waren, und es könnte sogar sein, daß sie in Wirklichkeit eher Schaden angerichtet haben." Bei einer anderen Gelegenheit erklärte er: „Wir waren wie Gummibänder. In einem Moment ganz nah, im nächsten durch eine riesige und unerklärliche Distanz getrennt. Ich glaube nicht, daß ich mich jemals frei von Schuld fühlen werde."

Bald nach Scotts Tod rief Newman mit 500.000 Dollar an Spendengeldern die Scott Newman Foundation an der Universität von Südkalifornien ins Leben, die die Produktion von Antidrogenfilmen für Kinder finanziert. Er unterstützt sie weiterhin mit einem Teil seiner Gewinne aus der Lebensmittelkette Newman's Own. Vorsitzende der Stiftung ist seine Tochter Susan. In der Zeit bis zur Beerdigung blieb Newman in Kenyon und arbeitete weiter an dem Theaterstück. „Ich konnte nichts anderes tun", sagte er. Er selbst hat jahrelang immer wieder gegen den Alkohol gekämpft und trinkt jetzt nur noch Bier.

„Es macht keinen Unterschied, ob es LSD ist oder Angel Dust, Kokain oder Schnaps", sagte er weiter. „Anscheinend müssen manche Leute sich einfach die volle Dröhnung verpassen. Ich habe mir die harten Getränke abgewöhnt. Wir waren am Ende der Dreharbeiten von *Sie möchten Giganten sein*. Ich weiß nicht, ob es die Belastung durch den Film war, aber ich war echt neben der Spur. Es hat mich immer fasziniert, warum jemand sich aus freien Stücken so völlig abhängig macht ... Man sagt, du kannst den Jungen aus Shaker Heights herausholen, aber du kannst Shaker Heights nicht aus dem Jungen herausholen. Oh doch, das kannst du! Du brauchst dazu nur eine gute Flasche Scotch."

In seiner Kindheit deutete nichts darauf hin, daß Newman einmal ein „Flaschenmagnat" werden würde, wenn auch nur durch Salatdressings und Saucen. Es fing alles ganz harmlos an. Seine Kinder liebten seine Dressings aus Öl, Essig und Kräutern. Deshalb machte er jedesmal eine ganze Ladung davon, bevor er zu Dreharbeiten fuhr. Später füllte er leere Weinflaschen mit seinem Dressing ab und verschenkte sie an Freunde. Es war nichts weiter als ein Jux, als er und A. E. Hotchner beschlossen, ein paar Kisten vollzupacken und sie zu verkaufen. Den Gewinn wollten sie für wohltätige Zwecke spenden. Innerhalb von zwei Monaten verlangten Supermärkte in ganz Amerika lautstark nach Newman's Own – nach Newmans hauseigenem Dressing aus Olivenöl und Essig. Als nächstes kam Spaghettisauce, dann Popcorn, Limonade und Salsa hinzu. Heute gibt es neunzehn Produkte, und weitere sind geplant. Auch Nell und Clea Newman arbeiten inzwischen in der Firma mit. Was als Jux begann, wurde zum Vermächtnis – welch ein wunderbares Ergebnis, besonders für einen Mann, der Scherze liebt. Mittlerweile gibt es zwölf Newman's-Own-Fabriken in Nordamerika, die ihre Produkte unter anderem in Australien, Japan, Kanada, China, Frankreich, Deutschland, der Schweiz, in Island, Großbritannien und Brasilien vertreiben. „Die Tatsache, daß seine

Lebensmittelfirma diesen unverhofften Gewinn abwarf, erweckte den in ihm schlummernden Wunsch, den Menschen etwas zurückzugeben, die ihm eine so außergewöhnliche Karriere ermöglicht hatten", meint Hotchner dazu. „So wurde aus ihm nebenbei ein Philanthrop."

Die Etiketten – hart an der Grenze zum Kitsch, aber auch ganz amüsant – schreibt Newman selbst. Hier zum Beispiel sein Lobgesang auf „Newman's Own Industrial Strength Venetian Spaghetti Sauce": „Zwölf Stunden Arbeit ... kaputt ... hungrig ... komme nach Hause, Frau und Kinder ausgeflogen ... verflucht! Ein Blick in den Schrank – ein Päckchen Spaghetti ... eine Flasche Marinara-Sauce ... renne in die Küche, koche das Zeug – Junk! BÄH! Lege mich hin, mache ein Nickerchen ... Visionen von kulinarischen Genüssen ... Vorfahre aus Venedig kitzelt mein Ohr, kitzel-kitzel ... erzählt von Sauce ... MAMA MIA! Auf zum Gemüsebeet ... hmmm, hmmm ... koche Wasser ... setze Spaghetti auf ... Sauce dito ... schlürf, schlürf ... Toll! Magnifico! Schmatz! Caramba! Die Sauce in Flaschen füllen! Mit den Leuten auf der Straße teilen ... ah, ich, endlich unsterblich." Auf seiner Popcorn-Verpackung unterzeichnet er mit Colonel „Pops" Newman. Und sein neues Cäsar-Salat-Dressing ziert die Zeichnung des sterbenden Julius, der mit einem blutigen Dolch auf die Inhaltsstoffe zeigt, und eine Neufassung von des Kaisers vorletzten Worten: „Don't dilute us, Brutus." („Du sollst uns nicht verdünnen, Brutus.")

Wie Newman als Tony Lawrence am Anfang von *Der Mann aus Philadelphia* sagt, ist das Leben eines Mannes die Summe seiner Taten. Bei einem Schauspieler ließe sich leicht annehmen, daß die Summe seiner Rollen sein ganzes Wesen ausmacht. Das trifft ohnehin auf fast niemanden zu, doch schon gar nicht auf Newman. Großzügigkeit ist nicht gerade ein Markenzeichen von Newmans Filmfiguren. Kann man sich Hud Bannon vorstellen, wie er ein Ferienlager für Kinder mit Leukämie und anderen furchtbaren Blutkrankheiten gründet? Fast Eddie, wie er Salatdressing herstellt und abfüllt, um Geld für wohltätige Zwecke aufzutreiben? Butch Cassidy als rettenden Engel, der eine politische Zeitung vor dem finanziellen Ruin bewahrt? Oder Cool Hand Luke bei einer Kampagne für atomare Abrüstung?

Newmans ständiger Verweis auf sein Glück ist Ausdruck eines großen Maßes an Bescheidenheit, allerdings muß tatsächlich Glück im Spiel gewesen sein, wenn es um Newman's Own geht. Gibt es denn außer Glück noch etwas, das den phänomenalen Erfolg seiner Produkte erklären könnte? Nun, zum einen sind sie gut. Zum anderen mögen die Leute Newman, und sie mögen das Gefühl, etwas zu kaufen, dessen Gewinn Hilfsbedürftigen zugute kommt. Aber niemand hätte voraussagen können, daß ein Filmstar, der Snacks und Gewürze nach eigenen Rezepten verkauft, einmal eine Firma ins Leben rufen würde, die heute in Amerika wie im Ausland um die 6 Millionen Dollar jährlich spendet, oft an Organisationen, die nicht so bekannt sind.

Mit dem Geld werden Missionsfahrzeuge in Äthiopien und Busse für Wanderarbeiter in Florida gekauft und Nierenbanken, Krankenhäuser sowie Opfer von Naturkatastrophen von Ruanda bis San Francisco unterstützt. Mehrere hundert Empfänger sind es über die Jahre geworden, darunter in der letzten Zeit die Freestone Food Bank in Cincinnati, Ohio, das Dignity House in Los Angeles und die Ableger des „Hole in the Wall Gang"-Camps. In der letzten Zeit konzentriert sich Newman auf die Interessen von Kindern, die Umwelt, die Alten, die Obdachlosen und die Gründung von weiteren „Hole in the Wall Gang"-Camps in Lake County, Florida und County Kildare, Irland. Nicht einmal die sentimentalsten Schriftsteller könnten sich solche Ferienlager ausdenken. Angesichts des Geistes, der dort herrscht, und der ungeheuren Bedeutung, die die Camps für die zumeist schwerkranken Kinder haben, würde einem sogar Charles Dickens als Zyniker erscheinen.

Das ursprüngliche „Hole in the Wall Gang"-Camp wurde in Ashford, einem Dorf im Nordwesten Connecticuts, erbaut, nachdem Newman zahlreiche Spendenanfragen von Eltern sehr kranker Kinder erhalten hatte. Ihre Notlage berührte ihn, aber nach dem amerikanischen Steuergesetz sind Newman's Own und ähnlichen Einrichtungen keine Zuwendungen an Einzelpersonen gestattet.

Da ihre Firma mehr Profit abwarf, als sie sich je vorgestellt hatten, beschlossen Newman und Hotchner 1987, neben der Unterstützung anderer Wohltätigkeitsorganisationen ihre eigene zu gründen. So entstand die Idee eines Feriendorfes für Kinder, die zu krank sind, um ein normales Ferienlager zu besuchen. In ihren Entscheidungen waren Newman und Hotchner nicht von einer weit verzweigten Firmenstruktur abhängig, sondern sie berieten sich in einem winzigen Büro, das sie in Westport, Connecticut in der Nähe ihres Zuhauses eingerichtet hatten und dessen Mobiliar von Anfang an aus einer Tischtennisplatte und Newmans Gartenstühlen bestand. Das Büro ist inzwischen ein bißchen größer, aber die Einrichtung ist dieselbe geblieben, und neben Newmans Schreibtisch steht weiterhin ein Sonnenschirm.

Heute treffen in jedem Jahr etwa 2.400 Spendenanfragen ein. Regelmäßig setzen Newman und Hotchner sich Mitte Dezember zusammen und entscheiden, wie das Geld verteilt wird. Newman weigert sich, die Anfragen von Angestellten durchsehen zu lassen, denn, so meint er: „Das würde den ganzen Spaß verderben." Er läßt es sich auch nicht nehmen, Organisationen, die Geld dringend nötig haben, zu fördern, auch wenn sie gar keine Unterstützung beantragt haben. Carroll Brewster, die Geschäftsführerin der „Hole in the Wall Gang"-Stiftung, erzählt, welches Vergnügen es Newman bereitet, spontan zum Beispiel einen Scheck über 25.000 Dollar für eine kleine Gemeindeklinik auszustellen, von der er gerade gehört hat. Im Falle dieser Klinik traf das Geld aus heiterem Himmel kurz vor Weihnachten ein – ein Umstand, der Newman besonders gefiel.

„Ich halte mich nicht für einen Wohltäter", sagt Newman. „Es entstand eher aus einer Laune heraus. Ich wünschte, ich könnte diesen wohltätigen Impuls auf irgendein spirituelles Erlebnis oder eine Art Helfer-Syndrom zurückführen. Aber so ist es nicht. Man wacht einfach eines Morgens auf, und der Gedanke ist da – man führt ihn nur noch aus. Ich habe mich immer schuldig gefühlt, daß kein stärkerer Impuls dahintersteckte." Auf die Bemerkung, daß das angesichts seiner Leistungen vielleicht gar nicht so erheblich sei, erwidert er: „Das denke ich im Grunde auch. Mit dem Feriendorf war es genauso. Ich bin einfach eines Morgens aufgewacht und habe gesagt: ‚Wir müssen wirklich so etwas bauen.'" Es ist nicht überraschend, daß die beste Erklärung, die er für den Bau des Feriendorfes findet, ist, „sich zum Schicksal zu bekennen: die Chance, die es einem gibt, das Wohlwollen, das es meinem eigenen Leben entgegengebracht hat, und die Brutalität, die es im Leben anderer gezeigt hat – was besonders grausam für Kinder ist, weil sie vielleicht nicht das Glück eines ganzen Lebens haben werden, um es zu korrigieren."

Wie von Zauberhand entstand aus der Idee für das „Hole in the Wall Gang"-Camp aus dem Jahre 1987 bis zum Juni 1988 eine Art Westernstadt mit fünfunddreißig Holzhäusern, die an den Baustil der Jahrhundertwende in Oregon erinnern. Ihr Bau bezeugt, was ein Star, der sich auf ein gemeinnütziges Ziel konzentriert, erreichen kann. Newman's Own brachte 8 von den 17 Millionen Dollar auf, die der Bau und die Ausstattung des 300 Morgen großen Feriendorfes kosteten. Hilfe kam von überall. Alle Schulen in Connecticut steuerten Beträge zwischen 20 Dollar und 15.000 Dollar bei. Friseure veranstalteten „Haarschneide-Marathons", und Schulkinder wuschen Autos. Anheuser-Busch, die Hersteller von Budweiser-Bier (das Newman trinkt), spendeten das Geld für den roten achteckigen Speisesaal mit einer Deckenhöhe von über zwanzig

UNTEN UND RECHTS

Das „Hole in the Wall Gang"-Camp für Kinder, die zu krank sind, um ein normales Ferienlager zu besuchen. Mit seinen freundlichen Farben und aufgrund seines makellosen Zustandes wirkt es wie eine Westernstadt aus dem Oregon der Jahrhundertwende. Erst auf den zweiten oder dritten Blick bemerkt man, daß die Wege breit genug für Rollstühle sind, daß Gehwege in Auffahrtrampen münden und daß die Toiletten mit Notrufklingeln ausgestattet sind. Das Theater ist so ausgestattet, daß man, ohne auch nur eine einzige Treppe steigen zu müssen, vom Eingang bis zur Bühne gelangt. Das Krankenhaus ist auf die spezifischen medizinischen Bedürfnisse der 125 Feriengäste eingerichtet.

Metern und einer Kaminecke mit Sofas. Die Kinder, die in diesem Feriendorf untergebracht sind, sind schnell erschöpft, und haben dann einen Platz, wo sie sich hinlegen können, ohne beim Essen auf Gesellschaft verzichten zu müssen. Die Konover Baugesellschaft, die das Feriendorf baute, spendete Material und Arbeitszeit im Wert von 1 Million Dollar. Ein Konsortium von Swimmingpool-Unternehmern spendete den Pool mit olympischen Ausmaßen für 250.000 Dollar. Fünfunddreißig Angehörige der U-Boot-Basis der Navy in Groton, Connecticut boten sich freiwillig an, Wege freizuräumen, eine Fußgängerbrücke und ein Schwimmdock zu bauen. Und Khaled Alhegelan, ein sechsundzwanzigjähriger in Amerika lebender Saudiarabier, dessen Freizeitaktivitäten in seiner Kindheit aufgrund einer seltenen Blutkrankheit auf einen täglichen Ausflug zum Golfplatz mit einem fünfzigjährigen Begleiter beschränkt waren, war so begeistert von der Idee, daß Kinder mit Krankheiten wie der seinen Spaß haben können und nicht allein aufwachsen müssen, daß er an die königliche Familie von Saudi-Arabien appellierte, das Projekt zu unterstützen. Zwei Wochen später traf ein Scheck über 5 Millionen Dollar ein.

Das Feriendorf wurde von Thomas Beeby, dem Dekan der Yale University School of Architecture, entworfen. Mit seinen freundlichen Farben und seinem makellosen Zustand wirkt es entweder wie die Westernstadt, als die es gedacht ist, oder wie eine perfekte Filmkulisse. Erst auf den zweiten oder dritten Blick bemerkt man, daß die Wege breit genug für Rollstühle sind, daß Gehwege in Auffahrtrampen münden und daß die Toiletten mit Notrufklingeln ausgestattet sind. Fünfzehn Blockhäuser mit Schlafräumen für jeweils acht Feriengäste und vier Betreuer sind kreisförmig um ein offenes Spielgelände angeordnet, und das nicht von ungefähr, da die Freifläche im Notfall auch als Hubschrauberlandeplatz dient. Die Einteilung der Feriengäste, die sieben bis sieb-

zehn Jahre alt sind, erfolgt nach Geschlecht, Altersstufe und vor allem nach dem Gesichtspunkt, daß nicht zu viele unheilbar kranke Kinder zusammen in einer Hütte untergebracht werden. An einem kleinen Hang liegen vier Gebäude, deren Fronten wie Läden aus der Pionierzeit aussehen. Zusammen bilden sie ein großes Kunstgewerbezentrum, das mit Rampen ausgestattet ist, so daß auch Rollstuhlfahrer leicht von einer Ebene zur anderen gelangen können. Es gibt einen 47 Morgen großen Fischteich. Der Reitplatz ist überdacht, um die Bestrahlungs- und Chemotherapie-Patienten vor Regen und Sonne zu schützen. Im Swimmingpool mit seinem besonderen Heiz- und Reinigungssystem können auch Kinder mit Sichelzellen-Anämie oder mit externen Kathetern schwimmen, die nicht mit Chemikalien in Berührung kommen dürfen – für manche ist es das erste Mal in ihrem Leben. Im Theater gelangt man, ohne auch nur eine einzige Treppe steigen zu müssen, vom Eingang bis zur Bühne . Das Krankenhaus, im Stil einer Sägemühle aus dem 19. Jahrhundert erbaut, ist auf die spezifischen medizinischen Bedürfnisse der 125 Feriengäste eingerichtet, von denen viele bis zu zwanzig Mal am Tag behandelt werden. Obwohl hier sogar Chemotherapie angewendet wird, fehlt dem Gebäude der antispetische Geruch und das Aussehen eines Krankenhauses. „Es ist O.K. dort“, sagte einer der ersten Gäste. Deshalb wird es auch O.K. Korral genannt.

Der medizinische Direktor ist Dr. Howard Pearson, Leiter der Abteilung Pädiatrie am Yale-New Haven Hospital, Professor der Pädiatrie an der Yale University School of Medicine und eine führende Autorität auf dem Gebiet der Krebs- und Bluterkrankungen bei Kindern. Pearson schnitzt jeden Sommer einen Totempfahl zur Erinnerung an große Ereignisse im Lagerleben. Die fünfzehn Blockhäuser sind in fünf Gruppen unterteilt – Lila, Rot, Blau, Grün und Gelb –, und die Gruppenzugehörigkeit wird heftig verteidigt: mit Spruchbändern in Speisesaal und Sporthalle, auf denen die jeweiligen herausragenden Leistungen gepriesen werden. Ein Transparent, das im Sommer 1994 in der Sporthalle aufgehängt wurde, verkündete: „Blau heißt mehr als nur blaue Flecken.“ Für Kinder, die in der Schule normalerweise das Dasein eines Parias fristen, stellt das Ferienlager eine Erfahrung dar, die ihr Leben verändert.

„Positives Trauma“ lautet Brewsters Bezeichnung für dieses Gegenmittel gegen die emotionalen Auswirkungen der aufreibenden Behandlungen, denen Krebspatienten ausgesetzt sind. Brewster zitiert aus einem Brief, den ihm ein Vater geschrieben hat: „Ich habe das Kind nicht wiedererkannt, das Sie mir nach Hause geschickt haben. Bevor er ins Camp kam, brauchte er Krücken und hatte eine Ernährungssonde in der Nase. Eines Abends wurde der Schlauch bei einem wilden Spiel im Schlafsaal herausgerissen. Der Arzt sagte, es würde ausreichen, wenn er erst am nächsten Morgen ersetzt würde. Zu der Zeit, als das gemacht werden sollte, war er im Speisesaal und aß einen Pfirsich. Dann hat er eine Krücke verloren und sich nicht um eine neue gekümmert. Bevor er ins Camp kam, war er furchtbar schüchtern. Er ging nicht ans Telefon, und wenn es an der Tür klingelte, lief er in ein anderes Zimmer. Jetzt nimmt er das Telefon ab und macht die Haustür auf."

„An diesem Ort ist ‚Wie geht's?' keine beiläufige Frage", erklärt Brewster. „Zuerst dachte ich, daß es hier nur ums Vergnügen geht. Aber es ist viel mehr als das. Die Kinder bekommen in den zwölf Tagen ein völlig neues Gefühl für sich selbst. Sie kommen als Opfer und gehen als Held." Jeder bekommt eine Auszeichnung für irgend etwas, ob für echtes musikalisches Talent oder einfach für „tolle Umarmungen". Die Gäste bezahlen nichts für die zwölf Tage Aufenthalt und die elf Übernachtungen, nur für die Anreise müssen sie selbst aufkommen. Wer das nicht kann, wird auch dabei unterstützt. Immunbehandlungen (AIDS wird niemals erwähnt, um Diskriminierungen zu vermeiden) dauern eine Woche. Diese Gäste gehören meist Minoritäten an und stammen aus Armenvierteln der Großstädte. Fast alle sind Waisenkinder.

Die sechs Camp-Aufenthalte sind über die Zeit vom 1. Juni bis zum 1. September verteilt. Außerhalb der Saison finden medizinische Konferenzen und spezielle Programme für Eltern statt, und zweimal im Jahr wird eine dreiwöchige „alternative Schule" für fünfzig bis sechzig Kinder aus dem Armenviertel von Hartford angeboten. Nach einem solchen Projekt, erinnert sich Newman, „habe ich einen kleinen Jungen in den Bus gesetzt. Ich fragte ihn: ‚Was ist das Beste, das du hier erlebt hast?' Und er antwortete: ‚Ich habe drei Wochen lang keinen einzigen Schuß gehört.' Nicht nur eine Krankheit, auch eine Stadt als solche kann lebensbedrohend sein."

Newman legt Wert darauf, im Sommer jede Gruppe zu besuchen, und er bleibt dann auch über Nacht. „Diesen Paul Newman würde niemand wiedererkennen", sagt A. E. Hotchner. „Wenn er dort hinkommt, wird er fast selbst wieder zum Kind. Die Kinder sprechen darauf an, und er läßt sich auf ihre Ebene ein. Wenn sie sich das Gesicht anmalen, malt er sich auch das Gesicht an. Wenn sie am Feuer sitzen und Geschichten erzählen, tut er dasselbe. Er hat sich einen eigenen Platz geschaffen, wo er sich aufhalten kann, und ich glaube, das ist wie eine Verjüngungskur für ihn. Es ist kein trauriger Ort. Die Kinder haben viel Spaß. Ich glaube, daß Paul dort an einem einzigen Tag mehr Zufriedenheit erfährt, als wenn er den Oscar gewinnen würde."

Newmans wichtigster Beitrag besteht wohl darin, daß er die Leute, die dort arbeiten, aufbaut. „Er ist ein inspirierender Gönner, der liebenswürdig mit den Mitarbeitern umgeht, die oft an der Grenze ihrer Belastbarkeit arbeiten", erzählt Brewster. „Wenn ein Betreuer drei Nächte hintereinander am Bett eines Kindes gesessen hat, geht er zu ihm hin und sagt ihm, was für eine großartige Arbeit er oder sie leistet. Er ist von Anfang an dabeigewesen, und wenn er sagt: ‚Ich weiß, wie schwer das ist', dann trifft das auch zu. Er ist eine Quelle der Ermutigung und Inspiration."

Newman hält sich gern im Speisesaal auf, wo Mädchen und Jungen an Picknicktischen unter der Kuppel des scheunenartigen Gebäudes sitzen. An einer Wand hängt

Newman mit einem seiner größten Fans in seiner und Joanne Woodwards Wohnung in New York (1987).

ein Elchkopf aus Filz, dem einige Feriengäste ein Schild umgehängt haben. „Newmoose" steht darauf („moose" bedeutet „Elch"; Anm. d. Übers.). An seinem Geweih hängt immer einer der Hüte, die Newman mitbringt; beim letzten Besuch war es ein Feuerwehrhelm. Die Gäste gehören oft zu den wenigen Leuten auf der Welt, die nicht wissen, wer Paul Newman ist. Als er das vor ein paar Jahren von einem der Mitarbeiter erfuhr, fiel ihm erst einmal die Kinnlade herunter. Im nächsten Moment sagte er lächelnd: „Natürlich wissen sie das nicht!"

Eines Tages knüpfte Newman beim Mittagessen eine Unterhaltung mit einem glatzköpfigen Jungen aus einem Armenviertel an. Kartons mit „Newman's Own Old Fashioned Roadside Virgin"-Limonade, die laut Etikett nach einem alten Familienrezept der Woodwards hergestellt ist, sind im Camp so allgegenwärtig wie Bäume und vielleicht mehr noch als Wasser. Als der Junge sich nachschenkte, fiel ihm die Zeichnung von Newmans Gesicht auf dem Behälter auf, an der gleichen Stelle, an der sonst auf Millionen von Milchtüten in den USA das Gesicht eines vermißten Kindes abgebildet ist. Er sah Newman an, dann wieder die Zeichnung und fragte besorgt: „Paul, bist du verlorengegangen?"

Newman vergleicht die Wendung, die seine wohltätige Arbeit genommen hat, mit der Art und Weise, wie eine Romanfigur in den Gedanken eines Schriftstellers plötzlich ein Eigenleben entwickelt und ihm erzählt, wie es weitergeht, anstatt umgekehrt. „Ich habe gerade angefangen, ein bißchen zu schreiben, ein Drehbuch", sagt er. „Ich bin vertraut damit, daß eine Rolle einen als Schauspieler manchmal überrascht. Aber manchmal bin ich auch überrascht, daß Rollen und Situationen plötzlich ihre eigene Richtung nehmen und einen an Orte führen, die man einfach nicht erwartet hat. Und das ist mir mit dem Camp auch so gegangen. Als wenn eine Rolle sagen würde: ‚Nein, tut mir leid, aber ich gehe hier lang.' Also sagt man: ‚Gut, wenn du da langgehen willst, was soll's, dann geh eben da lang. Du wirst schon sehen.'" Er meint, das sei vielleicht der Grund dafür, daß das Schema, nach dem Newman's Own seine Einrichtungen unterstützt, „manchmal richtungslos oder willkürlich erscheint". In Wirklichkeit aber geht es wohl einfach auf die vorhandenen Bedürfnisse ein.

In *Nobody's Fool – Auf Dauer unwiderstehlich* wirkt Newman entschlossener. Robert Benton, der Newman seit über zwanzig Jahren kennt, erklärte: „Es geht um einen Mann, der sein Leben gemeistert hat. Auch Paul, der von sich behauptet, daß er außerordentliches Glück gehabt hat, hatte sehr zu kämpfen. Worin dieser Kampf bestand, das weiß ich nicht. Ich achte bei allen Schauspielern ziemlich darauf, daß ich nicht mehr von ihnen weiß, als mir guttut. Aber ich glaube, daß es Paul gelungen ist, etwas aus seinem Leben zu machen."

Sully hätte der „Vater" vieler früherer Newman-Rollen sein können. Er ist stur, egoistisch, eigenwillig und hat trotz allem sehr viel Charme – solche Männer kann Newman wie kein anderer spielen. Sully, ein halbtags beschäftigter Bauarbeiter mit einem kaputten Knie, hat vor Jahren, nicht ganz ohne Grund, seine Frau und seinen Sohn verlassen und lebt jetzt mit Miss Beryl (Jessica Tandy), die seine Lehrerin in der achten Klasse war, zusammen. Sie glaubt an ihn, auch wenn alle anderen ihre Zweifel haben, Sully eingeschlossen. Carl (Bruce Willis), dem Besitzer der Baufirma „Tip Top", ist er in Haßliebe verbunden. Beide tragen ihren Konkurrenzkampf aus, indem sie sich gegenseitig einen Schneeräumer stehlen. Carl geht fremd, und seine Frau (Melanie Griffith) und Sully haben ihrerseits eine zärtliche, wenn auch platonische Romanze.

Sullys Sohn Peter (Dylan Walsh) taucht mit seiner Frau und seinen beiden Söhne in der kleinen New Yorker Stadt auf, um mit seiner Mutter das Erntedankfest zu feiern. Peter und sein Sohn Will (Alexander Goodwin) bringen die Handlung in Gang, da es Sully über die Beziehung zu seinem schüchternen Enkel am Ende gelingt, seine innere Distanz zu seinem Sohn zu überwinden. Im Grunde dreht sich *Nobody's Fool – Auf Dauer unwiderstehlich* um Sullys Entwicklung zu einem Mann, für den die Beziehung zu anderen Menschen immer wichtiger wird und der, wenn auch spät, erkennt, daß man Liebe empfangen und auch geben kann. Da Newman mit Ausnahme von zwei Szenen im Film ständig präsent ist, sah er sich vor die Aufgabe gestellt, nur ganz sukzessive die Weiterentwicklung seiner Figur zum Ausdruck zu bringen. Das Problem war jedoch, daß der Film nur stückweise gedreht werden konnte. Die anderen Stars, von

Als Donald „Sully“ Sullivan in *Nobody's Fool – Auf Dauer unwiderstehlich* (1994), einem Film über einen Mann, der sich seinem Sohn gegenüber zunächst ziemlich abweisend verhält. Über die Beziehung zu seinem schüchternen Enkel gelingt es ihm schließlich, seine innere Distanz zu seinem Sohn zu überwinden. Regisseur Robert Benton war der Ansicht, daß Newman als Sully vie von seiner eigenen Erfahrung verarbeitet hat Newman dazu: „Nun, sagen wir einfach, daß in dieser Figur eine Entwicklung von Unzugänglichkeit bis zur Hinwendungsbereitschaft stattfindet, und das geht schon an die Substanz.“

denen einige für wenig mehr als das Minimum an Gage arbeiteten, mußten nach ihrer Verfügbarkeit eingesetzt werden, und all ihre Szenen wurden nacheinander abgedreht. Obwohl es im Film nicht zu sehen ist, war Tandy zu jener Zeit schwer krank. Sie starb, noch bevor der Film in die Kinos kam.

„Aus der Perspektive eines Schauspielers wurde der Film unter schrecklichen Umständen gedreht“, meint Benton. „Er mußte in Blocks gedreht werden, je nachdem welcher Schauspieler gerade am Drehort war. Wir mußten den Anfang und das Ende in den ersten beiden Wochen drehen, und zu der Geschichte mit dem Sohn kamen wir erst, als wir schon drei Viertel des Films fertig hatten. In Hollywoods alten Tagen, als mit Vertragsschauspielern gearbeitet wurde, hat man sich den Film einfach Stück für Stück erarbeitet und hat so von Tag zu Tag das Gefühl einer fortschreitenden Entwicklung gehabt. Hier mußte alles vorausgeplant werden. Es war, als würden wir per Post Schach spielen.“

Daß das Ganze schließlich doch funktionierte, lag an den stundenlangen Diskussionen, die Newman und Benton über Sully führten. Von Benton, der im ländlichen Texas aufgewachsen war und mehr als flüchtige Erfahrungen mit wortkargen Blaumännern gemacht hatte, stammte auch das Drehbuch nach einem Roman von Richard Russo. „Nachdem ich das Drehbuch fertig hatte, habe ich mir als erstes angehört, was Paul über Sully und Typen seines Schlages zu sagen hatte. Er erzählte von ähnlichen Typen, die er vom Rennsport kannte und aus seinem sonstigen Freundeskreis. Dann brachte ich Beispiele von Leuten, die ich kannte. Und wir haben hin und her überlegt, und alles, was uns geeignet erschien, floß in das Drehbuch ein. Gleich zu Anfang hatte ich aus der Szene, in der Sully von sich erzählt, eine große Arie gemacht, und Paul meinte dazu: ‚Es geht nicht, daß wir die Figur so entwerfen, daß sie sich besser ausdrücken kann, als die Person es in Wirklichkeit könnte. Und er ist ein Mensch, der nicht fähig ist, sich mitzuteilen. Wir müssen einen anderen Weg finden, einen Eindruck von ihm zu vermitteln.‘ Was absolut richtig war. Dadurch waren zwar meine eigenen Möglichkeiten, dies auszudrücken, begrenzt, aber die Rolle wurde besser und echter. In der

Welt, in der ich aufgewachsen bin, waren die Menschen nicht fähig, sich klar auszudrücken. Sie konnten sich nicht besonders gut mitteilen."

Newmans Aufgabe bestand also darin, einen Weg zu finden, die Figur des Sully dem Zuschauer nicht mit Worten, sondern mit einer nuancenreichen Darstellung näherzubringen. Benton fügt hinzu: „Robert Altman hat einmal gesagt, die wahren Helden im Film seien die Schauspieler. Für uns ist es nicht besonders schwierig, Dialoge zu schreiben und zu drehen, aber die Schauspieler müssen vor der Kamera stehen und den Zuschauern ein Gefühl von Echtheit vermitteln. Unser ganzer Austausch endete damit, daß ich zu seinem Sprachrohr wurde. Ich war so etwas wie ein Redakteur für ihn. Wenn ich dachte, daß etwas nicht paßte, habe ich es ihm gesagt, aber im großen und ganzen hat er neun Zehntel der Arbeit gemacht. Er stöbert und stöbert und stöbert, sucht nach Erlebnissen in seiner eigenen Vergangenheit oder der seiner Freunde."

Benton wollte unbedingt, daß Newman aus Sully einen Protagonisten wie Lew Harper oder Frank Galvin und nicht eine fein gezeichnete Figur wie Leslie Groves oder Earl Long machte. „Ich wollte diesen Paul wiederhaben. Ich wollte den Paul von früher. Ich wollte wirklich, daß Paul auf Fast Eddie, Cool Hand Luke und Harper und Konsorten zurückgreift, für deren Außenseiter-Mentalität er eine solche Sympathie empfindet. Seine Rolle ist der ewige Außenseiter, der immer etwas will, das er nicht bekommen kann, und sei es bloß ein geregeltes Leben oder daß ihm jemand zuhört."

Newman war gewillt, alles zu tun, was in seiner Macht stand. Newman, der den sechzigjährigen Sully spielte und im Grunde genommen noch nicht einmal wie sechzig aussah, feierte während der Dreharbeiten seinen 69. Geburtstag. Woodward und die Kinder kamen zum Drehort nach Beacon, New York, um mit ihm am Abend essen zu gehen. Aber Newman probte die Szenen für den nächsten Tag, erzählte Benton, „und wir hatten uns an irgend etwas festgebissen und konnten nicht aufhören. Also ist er einfach dageblieben und hat seinen Geburtstag platzen lassen."

„Bei Sully war eine Menge Glück im Spiel", meint Newman, unbeirrbar wie immer. „Alles geriet durcheinander. Obwohl wir die Möglichkeit gehabt hatten zu proben, wurden immer noch Szenen umgeschrieben, und Szenen, die man bereits geprobt hatte, fielen weg; dafür wurden Szenen eingefügt, die gar nicht im Drehbuch standen. Dann wurde der ganze Schluß noch einmal neu gedreht. Das bestätigt die Theorie vom kreativen Chaos. So kann man den Film wahrscheinlich am besten beschreiben", kichert er. „Ich sage nicht, daß das ein Nachteil war. Es gab einfach einen Haufen Material. Der Film hatte im Grunde keine Richtung.

Wenn man in einem Film jemanden spielt, der anfangs kein Geld hat, dann aber allmählich einen Weg findet, zu Geld zu kommen, und am Schluß tatsächlich über Geld verfügt, dann kann man innerhalb dieser Rolle recht aktiv werden. Es gibt so viele Möglichkeiten: Man kann locken, man kann drohen, man kann es mit Gewalt probieren, auf die krumme Tour oder mit Köpfchen … Aber versuchen Sie sich doch einmal vorzustellen, wie man das spielen soll, daß man anfangs unzugänglich ist und dann zugänglich wird." Er lacht. „Darum geht's doch schließlich, oder? Und wenn etwas ausgelassen wird, das man am Anfang geprobt hat, und durch etwas anderes ersetzt wird …" Er zuckt die Achseln. „Deshalb meine ich, daß da eine Menge Instinkt im Spiel war, und vielleicht kommt das nach vierzig Jahren Film eben heraus: daß man es aus dem Bauch heraus und rein intuitiv macht. Ich weiß nicht so genau, was es eigentlich ist."

Newman befindet sich, sowohl was sein Leben als auch was seine Arbeit anbelangt, in einem Konflikt. In den letzten fünfzehn Jahren hat er häufig daran gedacht, die Schauspielerei aufzugeben und etwas ganz anderes zu machen. Unter anderem hat er einmal die Fischzucht erwähnt. Aber man sollte nie Newmans ausgeprägten Sinn für Humor unterschätzen.

Zuletzt ist er doch beim Film geblieben und hat im Laufe der Jahre noch gelungenere Darstellungen geliefert. Er sagt, wenn er sich mit jemandem identifizieren würde, dann nicht mit einem anderen Schauspieler oder einer seiner Rollen, sondern mit Tonio Kröger, dem Protagonisten der gleichnamigen Geschichte, die Thomas Mann um die Jahrhundertwende verfaßte.

Tonio schreibt in einem Brief an seine Freundin Lisaveta Ivanova, die ihn einst einen verhinderten Bourgeois genannt hat: „Ich stehe zwischen zwei Welten, bin in keiner daheim und habe es infolgedessen ein wenig schwer. Ihr Künstler nennt mich einen Bürger, und die Bürger sind versucht, mich zu verhaften … ich weiß nicht, was von beiden mich bitterer kränkt. Die Bürger sind dumm; ihr Anbeter der Schönheit aber, die ihr mich phlegmatisch und ohne Sehnsucht heißt, solltet bedenken, daß es ein Künstlertum gibt, so tief, so von Anbeginn und Schicksals wegen, daß keine Sehnsucht ihm süßer und empfindenswerter erscheint als die nach den Wonnen der Gewöhnlichkeit."Newman drückt dies etwas einfacher aus: „Die Bürger halten uns für Revolutionäre, und die Künstler finden, daß wir Opportunisten und Langweiler sind, und halten uns für bürgerlich."

Über seine Arbeit und sein Leben sagt Newman: „Manchmal spüre ich, daß ich ganz erfüllt bin, und am nächsten Tag ist alles Lug und Trug. Im einen Moment nimmst du alles, was du durchgemacht hast – die ganze Erfahrung, ein bißchen Leid, ein bißchen Lachen –, und präsentierst es so, daß jeder es sehen kann; im nächsten Moment behauptest du, es sei nur ein Spiel. Selbst in einer wirklich emotionalen Szene stehen fünfzehn bis zwanzig Prozent von dir daneben wie eine Kamera. Eine Seite von dir beobachtet immer die andere und macht ‚ts, ts, ts'. Es ist eine ganz merkwürdiges Leben – man kann sich seiner nie ganz sicher sein."

Doch selbst wenn er diese Stabilität in seinem Leben vermißt, so lebt er dieses Leben inzwischen seit vierzig Jahren doch ganz gut. In hohem Alter eine neue Richtung im Leben einzuschlagen, ist für jeden schwer, besonders aber für denjenigen, der nun bessere Arbeit leistet als je zuvor. Trotz all der Worte über Fischzucht und andere Aktivitäten außerhalb des Showbusineß scheint Newman im Grunde seines Herzens zu wissen, daß er der Schauspielerei verpflichtet ist.

„Es gibt einen alten Witz über einen Handelsvertreter", bemerkte er einmal vor etwa fünfzehn Jahren, zu der Zeit, als er eine Veränderung in Erwägung zog. „Er kommt nach Hause und findet seine Frau im Negligé vor. Das Bett ist leicht zerwühlt. Er reißt eine Schranktür auf und sieht diesen Typen da stehen, mit zitternden Knien. ‚Was tun Sie hier?', fragt er. Und der Typ antwortet: ‚Irgendwo gehört ein Mann doch hin.' Warum bin ich also noch Schauspieler? Nun, wie gesagt: Irgendwo gehört ein Mann doch hin."

Inzwischen ist er zweiundsiebzig und trägt sein Alter mit Anstand und Würde. Dennoch findet er: „Mir fällt nichts ein, was mit zunehmendem Alter besser wird. Ich bin nicht abgeklärter, ich bin nicht weniger aufgebracht, ich bin nicht weniger selbstkritisch, ich bin nicht weniger hartnäckig." Sein Haar ist inzwischen mehr weiß als grau, und es ist lichter geworden, was er weder im Film noch im Privatleben zu verbergen sucht.

Schon lange hat er den VW mit dem Porsche-Motor aufgegeben. Jetzt fährt er einen Volvo-Kombi, das vollkommene Transportmittel für Spießer – zumindest bis man den Motor gehört hat, der auf Rennwagenstärke frisiert ist. Spielt man Newman gegenüber auf den Klang des Motors an, reagiert er mit einem zurückhaltenden, zufriedenen Lächeln und mit jungenhafter Freude. Eigentlich ist dieser Wagen eine Art Metapher für Newman, weil sein äußeres Erscheinungsbild seine innere Dynamik verbirgt.

In seiner Scheune in Connecticut ist Newman von „Momentaufnahmen" aus seinem Leben umgeben. An einer Wand hängen die Photographien und Preise aus seiner Rennfahrerzeit. Eine größere Wand ist voll mit Schnappschüssen von seiner Familie und Freunden und von Kollegen aus verschiedenen Filmen – und gibt Einblick in Teile seines erfüllten Lebens. Und dennoch scheint es ein paar wesentliche Dinge zu geben, deren völlige Erfüllung ihm immer versagt bleiben wird.

Väter und Söhne stehen im Mittelpunkt so vieler Newman-Filme. Doch keiner ist gefühlsbetonter als *Nobody's Fool – Auf Dauer unwiderstehlich* – weil keiner mehr Lebensnähe besitzt. Im Film finden die Menschen letzten Endes wieder zueinander, aber so viel Sully und Newman auch gemein haben mögen, Newman wird doch nie das Glück vergönnt sein, sich so mit seinem eigenen Vater zu versöhnen wie Sullys Sohn mit seinem Vater. Das ist etwas, das Newman beschäftigt. Auch wenn die Beziehung zu seinem Vater kaum die treibende Kraft für Newman gewesen ist, so eröffnet sie doch einen interessanten Blickwinkel. Seine Abreise aus Shaker Heights verhalf ihm zu all der Romantik und Abwechslung, die er am Familienbetrieb vermißt hatte.

Und er hat noch viel vom Leben zu erwarten. Was hätte Arthur Newman wohl dazu gesagt, wenn er gesehen hätte, was aus seinem Sorgenkind geworden ist? Newman kann es sich gut vorstellen: „Ich habe es immer als sehr schmerzlich empfunden, daß mein Vater ... er starb, als ich fünfzehn war ... das nicht mehr miterleben konnte“, sagte er langsam. „Ich glaube, er wäre einer der wenigen aus der Familie gewesen, die wirklich zu würdigen gewußt hätten, wie schwierig diese Gratwanderung gewesen ist. Er hätte erkannt, daß Glück, Hartnäckigkeit, Schicksal und das Erscheinungsbild in der Öffentlichkeit dazugehören ... Er hätte all dies erkannt, und ich glaube, er hätte sich darüber freuen können.“

1987 beim Film-Festival in Cannes, bei dem der Film *Die Glasmenagerie* gezeigt wurde. Newman hatte den Film inszeniert, um die Darstellung, die Joanne Woodward auf der Bühne gegeben hatte, festzuhalten.

Theaterstücke & Filme

- **PICKNICK**
  (Picnic)
  von William Inge
  Inszenierung: Joshua Logan; präsentiert von Theater Guild und Joshua Logan; Bauten: Jo Mielziner; Kostüme: Mildred Trebor; Besetzung: Ralph Meeker, Janice Rule, Kim Stanley, Eileen Heckart, Paul Newman, Arthur O'Connell. Uraufführung: 19. Februar 1953 im Music Box Theatre.

- **AN EINEM TAG WIE JEDER ANDERE**
  (The Desperate Hours)
  von Joseph Hayes nach seinem gleichnamigen Roman
  Inszenierung: Robert Montgomery; Bauten: Howard Bay; Kostüme: Robert Randolph; Besetzung: Karl Malden, Nancy Coleman, Paul Newman, James Gregory, George Grizzard. Uraufführung: 10. Februar 1955 am Ethel Barrymore Theater.

- **SÜSSER VOGEL JUGEND**
  (Sweet Bird of Youth)
  von Tennessee Williams, mit Musik von Paul Bowles
  Inszenierung: Elia Kazan; präsentiert von Cheryl Crawford; Bauten: Jo Mielziner; Kostüme: Anna Hill Johnstone; Besetzung: Geraldine Page, Paul Newman, Sidney Blackmer, Rip Torn, Madeleine Sherwood. Uraufführung: 10. März 1959 am Martin Beck Theater.

- **BABY WANT A KISS**
  von James Costigan
  Inszenierung: Frank Corsaro; präsentiert von: The Actors Studio Inc.; Bauten und Kostüme: Peter Harvey; Besetzung: Joanne Woodward, Paul Newman, James Costigan. Uraufführung: 19. April 1964 am Little Theater.

- **DER SILBERNE KELCH**
  (The Silver Chalice)
  (1954) Farbe, 144 Minuten, Warner Brothers
  Regie: Victor Saville; Drehbuch: Lesser Samuels, nach einem Roman von Thomas B. Costain; Kamera: William V. Skall; Darsteller: Virginia Mayo, Pier Angeli, Jack Palance, Paul Newman, Walter Hampden. Deutsche Erstaufführung: 21.10.1955.

- **ANKLAGE: HOCHVERRAT**
  (The Rack)
  (1956) s/w, 100 Minuten, Metro-Goldwyn-Mayer
  Regie: Arnold Laven; Drehbuch: Stewart Stern, nach einem Fernsehspiel von Rod Serling; Kamera: Paul C. Vogel; Darsteller: Paul Newman, Wendell Corey, Walter Pidgeon, Edmond O'Brien, Anne Francis. Deutsche Erstaufführung: 18.5.1957.

- **DIE HÖLLE IST IN MIR**
  (Somebody Up There Likes Me)
  (1956) s/w, 113 Minuten, Metro-Goldwyn-Mayer
  Regie: Robert Wise; Drehbuch: Ernest Lehman, nach der Autobiographie von Rocky Graziano, geschrieben zusammen mit Rowland Barber; Kamera: Joseph Ruttenberg; Darsteller: Paul Newman, Pier Angeli, Everett Sloane, Eileen Heckart, Sal Mineo. Deutsche Erstaufführung: 8.2.1957.

- **EIN LEBEN IM RAUSCH**
  (The Helen Morgan Story)
  (1957) s/w, 118 Minuten, Warner Brothers
  Regie: Michael Curtiz; Drehbuch: Oscar Saul, Dean Reisner, Stephen Longstreet und Nelson Gidding; Kamera: Ted McCord; Darsteller: Ann Blyth, Paul Newman, Richard Carlson, Gene Evans, Alan King. Deutsche Erstaufführung: 1.8.1958.

- **LAND OHNE MÄNNER**
  (Until They Sail)
  (1957) s/w, 96 Minuten, Metro-Goldwyn-Mayer
  Regie: Robert Wise; Drehbuch: Robert Anderson, nach Rückkehr ins Paradies *von James A. Michener; Kamera: Joseph Ruttenberg; Darsteller: Jean Simmons, Joan Fontaine, Paul Newman, Piper Laurie, Charles Drake. Deutsche Erstaufführung: 21.8.1958.*

- **DIE KATZE AUF DEM HEISSEN BLECHDACH**
  (Cat on a Hot Tin Roof)
  (1958) Farbe, 108 Minuten, Metro-Goldwyn-Mayer
  Regie: Richard Brooks; Drehbuch: Richard Brooks und James Poe, nach dem gleichnamigen Theaterstück von Tennessee Williams; Kamera: William Daniels; Darsteller: Elizabeth Taylor, Paul Newman, Burl Ives, Judith Anderson, Jack Carson. Deutsche Erstaufführung: 19.2.1959.

- **EINER MUSS DRAN GLAUBEN**
  (The Left Handed Gun)
  (1958) s/w, 102 Minuten, Warner Brothers
  Regie: Arthur Penn; Drehbuch: Leslie Stevens, nach dem Fernsehspiel Der Tod von Billy the Kid *von Gore Vidal; Kamera: Peverell Marley; Darsteller: Paul Newman, Lita Milan, John Dehner, Hurd Hatfield, James Congdon. Deutsche Erstaufführung: 5.12.1958.*

■ **DER LANGE, HEISSE SOMMER**
(The Long Hot Summer)
(1958) Farbe, 117 Minuten, Twentieth Century-Fox
Regie: Martin Ritt; Drehbuch: Irving Ravetch und Harriet Frank jr., nach Spotted Horses, Barn Burning *und* Das Dorf *von William Faulkner; Kamera: Joseph R. Wheeler; Darsteller: Paul Newman, Joanne Woodward, Anthony Franciosa, Orson Welles, Lee Remick. Deutsche Erstaufführung: 20.5.1958.*

■ **KEINE ANGST VOR SCHARFEN SACHEN**
(Rally Round the Flag, Boys!)
(1958) Farbe, 106 Minuten, Twentieth Century-Fox
Regie und Produktion: Leo McCarey; Drehbuch: Claude Binyon und Leo McCarey, nach einem Roman von Max Shulman; Kamera: Leon Shamroy; Darsteller: Paul Newman, Joanne Woodward, Joan Collins, Jack Carson, Dwayne Hickman. Deutsche Erstaufführung: 10.3.1959.

■ **DER MANN AUS PHILADELPHIA**
(The Young Philadelphians)
(1959) s/w, 136 Minuten, Warner Brothers
Regie: Vincent Sherman; Drehbuch: James Gunn, nach dem Roman The Philadelphian *von Richard Powell; Kamera: Harry Stradling; Darsteller: Paul Newman, Barbara Rush, Alexis Smith, Brian Keith, Diane Brewster. Deutsche Erstaufführung: 5.1.1960.*

■ **EXODUS**
(Exodus)
(1960) Farbe, 212 Minuten, United Artists
Regie und Produktion: Otto Preminger; Drehbuch: Dalton Trumbo, nach dem gleichnamigen Roman von Leon Uris; Kamera: Sam Leavitt; Darsteller: Paul Newman, Eva Marie Saint, Ralph Richardson, Lee J. Cobb, Sal Mineo. Deutsche Erstaufführung: 5.10.1961.

■ **VON DER TERRASSE**
(From the Terrace)
(1960) Farbe, 144 Minuten, Twentieth Century-Fox
Regie und Produktion: Mark Robson; Drehbuch: Ernest Lehman, nach einem Roman von John O'Hara; Kamera: Leo Tover; Darsteller: Paul Newman, Joanne Woodward, Myrna Loy, Ina Balin, Leon Ames. Deutsche Erstaufführung: 9.9.1960.

■ **PARIS BLUES**
(Paris Blues)
(1960) s/w, 98 Minuten, United Artists
Regie und Produktion: Martin Ritt; Drehbuch: Jack Sher, Irene Kamp und Walter Bernstein, nach einem Roman von Harold Flender, bearbeitet von Lulla Adler; Kamera: Christian Matras; Darsteller: Paul Newman, Joanne Woodward, Sidney Poitier, Louis Armstrong, Diahann Carroll. Deutsche Erstaufführung: 15.12.1961.

■ **HAIE DER GROSSSTADT**
(The Hustler)
(1961) s/w, 133 Minuten, Twentieth Century-Fox
Regie und Produktion: Robert Rossen; Drehbuch: Robert Rossen und Sidney Carroll, nach einem Roman von Walter Tevis; Kamera: Gene Shufton (Eugen Schüfftan); Darsteller: Paul Newman, Jackie Gleason, George C. Scott, Piper Laurie, Myron McCormick. Deutsche Erstaufführung: 5.12.1961.

■ **HEMINGWAYS ABENTEUER EINES JUNGEN MANNES**
(Hemingway´s Adventures of a Young Man)
(1961) Farbe, 140 Minuten, Twentieth Century-Fox
Regie: Martin Ritt; Drehbuch: A. E. Hotchner, nach Erzählungen von Ernest Hemingway; Kamera: Lee Garmes; Darsteller: Richard Beymer, Arthur Kennedy, Diane Baker, Corinne Calvet, Fred Clark, Paul Newman. Deutsche Erstaufführung: 28.9.1962.

■ **SÜSSER VOGEL JUGEND**
(Sweet Bird of Youth)
(1961) Farbe, 120 Minuten, Metro-Goldwyn-Mayer
Regie: Richard Brooks; Drehbuch: Richard Brooks, nach dem gleichnamigen Theaterstück von Tennessee Williams; Kamera: Milton Krasner; Darsteller: Geraldine Page, Paul Newman, Ed Begley, Shirley Knight, Rip Torn. Deutsche Erstaufführung: 31.8.1962.

■ **DER WILDESTE UNTER TAUSEND**
(Hud)
(1962) s/w, 112 Minuten, Paramount Pictures
Regie: Martin Ritt; Drehbuch: Irving Ravetch und Harriet Frank jr., nach dem Roman Horseman, Pass By *von Larry McMurtry; Kamera: James Wong Howe; Darsteller: Paul Newman, Melvyn Douglas, Patricia Neal, Brandon de Wilde, Whit Bissell. Deutsche Erstaufführung: 2.8.1963.*

LINKS
Als Tony Lawrence in *Der Mann aus Philadelphia* (1959).

■ **EINE NEUE ART VON LIEBE**
(A New Kind of Love)
(1962) Farbe, 110 Minuten, Paramount Pictures
Regie und Produktion: Melville Shavelson; Drehbuch: Melville Shavelson; Kamera: Daniel L. Fapp; Darsteller: Paul Newman, Joanne Woodward, Thelma Ritter, Eva Gabor, Maurice Chevalier. Deutsche Erstaufführung: 23.12.1963.

■ **DER PREIS**
(The Prize)
(1963) Farbe, 136 Minuten, Metro-Goldwyn-Mayer
Regie: Mark Robson; Drehbuch: Ernest Lehman, nach einem Roman von Irving Wallace; Kamera: William H. Daniels; Darsteller: Paul Newman, Elke Sommer, Edward G. Robinson, Diane Baker, Micheline Presle. Deutsche Erstaufführung: 20.3.1964.

■ **CARRASCO, DER SCHÄNDER**
(The Outrage)
(1964) s/w, 97 Minuten, Metro-Goldwyn-Mayer
Regie: Martin Ritt; Drehbuch: Michael Kanin, basierend auf dem Film Rashomon *von Akira Kurosawa; nach dem Theaterstück* Rashomon *von Fay und Michael Kanin und der Erzählung von Ryunosuke Akutagawa; Kamera: James Wong Howe; Darsteller: Paul Newman, Laurence Harvey, Claire Bloom, Edward G. Robinson, William Shatner. Deutsche Erstaufführung: 1965.*

■ **IMMER MIT EINEM ANDEREN**
(What a Way to Go)
(1964) Farbe, 111 Minuten, Twentieth Century-Fox
Regie: J. Lee Thompson; Drehbuch: Betty Comden und Adolph Green, nach einer Erzählung von Gwen Davis; Kamera: Leon Shamroy; Darsteller: Shirley MacLaine, Paul Newman, Dean Martin, Robert Mitchum, Dick van Dyke. Deutsche Erstaufführung: 21.8.1964.

■ **LADY L**
(Lady L)
(1965) Farbe, 107 Minuten, Metro-Goldwyn-Mayer
Regie: Peter Ustinov; Drehbuch: Peter Ustinov, nach dem gleichnamigen Roman von Romain Gary; Kamera: Henri Alekan; Darsteller: Sophia Loren, David Niven, Paul Newman, Claude Dauphin, Philippe Noiret. Deutsche Erstaufführung: 17.12.1965.

■ **EIN FALL FÜR HARPER**
(Harper)
(1966) Farbe, 121 Minuten, Warner Brothers
Regie: Jack Smight; Drehbuch: William Goldman, nach dem Roman The Moving Target *von Ross MacDonald; Kamera: Conrad Hall; Darsteller: Paul Newman, Robert Wagner, Lauren Bacall, Shelley Winters, Arthur Hill, Julie Harris. Deutsche Erstaufführung: 2.9.1966.*

■ **DER ZERRISSENE VORHANG**
(Torn Curtain)
(1966) Farbe, 128 Minuten, Universal Pictures
Regie und Produktion: Alfred Hitchcock; Drehbuch: Brian Moore; Kamera: John F. Warren; Darsteller: Paul Newman, Julie Andrews, Günter Strack, Hansjörg Felmy, Wolfgang Kieling. Deutsche Erstaufführung: 7.10.1966.

■ **DER UNBEUGSAME**
(Cool Hand Luke)
(1966) Farbe, 126 Minuten, Warner Brothers-Seven Arts
Regie: Stuart Rosenberg; Drehbuch: Donn Pearce und Frank R. Pierson, nach einem Roman von Donn Pearce; Kamera: Conrad Hall; Darsteller: Paul Newman, George Kennedy, Lou Antonio, Robert Drivas, Jo Van Fleet. Deutsche Erstaufführung: 1.12.1967.

■ **MAN NANNTE IHN HOMBRE**
(Hombre)
(1966) Farbe, 111 Minuten, Twentieth Century-Fox
Regie: Martin Ritt; Drehbuch: Irving Ravetch und Harriet Frank jr., nach einem Roman von Elmore Leonard; Kamera: James Wong Howe; Darsteller: Paul Newman, Fredric March, Diane Cilento, Richard Boone. Deutsche Erstaufführung: 14.4.1967.

■ **DER ETAPPENHELD**
(The Secret War of Harry Frigg)
(1967) Farbe, 110 Minuten, Universal Pictures
Regie: Jack Smight; Drehbuch: Peter Stone und Frank Tarloff, nach einer Erzählung von Frank Tarloff; Kamera: Russell Metty; Darsteller: Paul Newman, Sylva Koscina, Tom Bosley, Andrew Duggan, John Williams. Deutsche Erstaufführung: 9.2.1968.

■ **DIE LIEBE EINES SOMMERS**
(Now I Lay Me Down / Rachel Rachel)
(1968) Farbe, 101 Minuten, Kayos / Seven Arts
Regie und Produktion: Paul Newman; Drehbuch: Stewart Stern, nach dem Roman A Jest of God *von Margaret Laurence; Kamera: Gayne Rescher; Darsteller: Joanne Woodward, James Olson, Estelle Parsons, Terry Kiser. Deutsche Erstaufführung: 15.11.1968.*

■ **ZWEI BANDITEN**
(Butch Cassidy and the Sundance Kid)
(1968) Farbe, 110 Minuten, Twentieth Century-Fox
Regie: George Roy Hill; Drehbuch: William Goldman; Kamera: Conrad Hall; Produktion: John Foreman; Co-Executive Producer: Paul Newman; Darsteller: Paul Newman, Robert Redford, Katharine Ross, Strother Martin, Jeff Corey. Deutsche Erstaufführung: 10.10.1969.

■ **INDIANAPOLIS**
(Winning)
(1969) Farbe, 123 Minuten, Newman-Foreman / Universal Pictures
Regie: James Goldstone; Drehbuch: Howard Rodman; Kamera: Richard Moore; Produktion: John Foreman; Co-Executive Producer: Paul Newman; Darsteller: Paul Newman, Joanne Woodward, Robert Wagner, Richard Thomas, David Sheiner. Deutsche Erstaufführung: 14.8.1969.

■ **„... DANN WAR MEIN LEBEN NICHT UMSONST“ - MARTIN LUTHER KING**
(King: A Filmed Record ... Montgomery to Memphis)
(1970) Dokumentarfilm, 135 Minuten, BAG / Matthias / Landesbildstellen
Regie und Drehbuch: Sidney Lumet, Ely Landau, Joseph L. Mankiewicz u.a.; Kamera: Wochenschaumaterial; Mitwirkende: Paul Newman (Erzähler), Joanne Woodward, Ruby Dee, Clarence Wilson, Burt Lancaster.

■ **MACHENSCHAFTEN**
(W.U.S.A.)
(1970) Farbe, 115 Minuten, Paramount Pictures
Regie: Stuart Rosenberg; Drehbuch: Robert Stone, nach seinem Roman A Hall of Mirrors*; Kamera: Richard Moore; Produktion: Paul Newman und John Foreman; Darsteller: Joanne Woodward, Anthony Perkins, Laurence Harvey, Pat Hingle, Cloris Leachman, Don Gordon. Deutsche Erstaufführung: 16.3.1990 (Pro 7).*

■ **SIE MÖCHTEN GIGANTEN SEIN**
(Sometimes a Great Notion)
(1970) Farbe, 115 Minuten, Universal Pictures
Regie: Paul Newman; Drehbuch: John Gay, nach einem Roman von Ken Kesey; Kamera: Richard Moore; Produktion: John Foreman; Co-Executive Producer: Paul Newman; Darsteller: Paul Newman, Henry Fonda, Lee Remick, Michael Sarrazin, Richard Jaeckel. Deutsche Erstaufführung: 1.6.1972.

■ **DER VERKEHRTE SHERLOCK HOLMES**
(They Might Be Giants)
(1971) Farbe, 88 Minuten, Universal Pictures
Regie: Anthony Harvey; Drehbuch: James Goldman, nach seinem gleichnamigen Theaterstück; Kamera: Victor J. Kemper; Produktion: John Foreman; Co-Produktion: Paul Newman; Darsteller: George C. Scott, Joanne Woodward, Jack Gilford, Lester Rawlings. Deutsche Erstaufführung: 8.9.1974 (ARD).

■ **ZWEI HAUDEGEN AUF ACHSE / ZWEI GLÜCKLOSE COWBOYS**
(Pocket Money)
(1971) Farbe, 102 Minuten, A First Artists Production für National General Pictures
Regie: Stuart Rosenberg; Drehbuch: Terrence Malick, nach dem Roman Jim Kane *von J. P. S. Brown, bearbeitet von John Gay; Kamera: László Kovács; Produktion: John Foreman; Co-Executive Producer: Paul Newman; Darsteller: Paul Newman, Lee Marvin, Strother Martin, Wayne Rogers, Kelly Jean Peters. Deutsche Erstaufführung: 9.4.1981 (NDR).*

■ **DIE WIRKUNG VON GAMMA-STRAHLEN AUF RINGELBLUMEN**
(The Effect of Gamma Rays on Man-in-the-Moon Marigolds)
(1972) Farbe, 101 Minuten, Newman-Foreman / Twentieth Century-Fox
Regie und Produktion: Paul Newman; Drehbuch: Alvin Sargent, nach einem Theaterstück von Paul Zindel; Kamera: Adam Holender; Executive Producer: John Foreman; Darsteller: Joanne Woodward, Roberta Wallach, Nell Potts, Judith Lowry, Richard Venture. Deutsche Erstaufführung: 27.12.1974 (ARD).

■ **DAS WAR ROY BEAN**
(The Life and Times of Judge Roy Bean)
(1972) Farbe, 120 Minuten, A First Artists Production für National General Pictures
Regie: John Huston; Drehbuch: John Milius; Kamera: Richard Moore; Produktion: John Foreman; Co-Executive Producer: Paul Newman; Darsteller: Paul Newman, Jacqueline Bisset, Tab Hunter, John Huston, Ava Gardner. Deutsche Erstaufführung: 23.10.1975.

■ **DER MACKINTOSH-MANN**
(The Mackintosh Man)
(1973) Farbe, 100 Minuten, Warner Brothers
Regie: John Huston; Drehbuch: Walter Hill, nach dem Roman The Freedom Trap *von Desmond Bagley; Kamera: Oswald Morris; Produktion: John Foreman; Darsteller: Paul Newman, James Mason, Dominique Sanda, Harry Andrews, Ian Bannen. Deutsche Erstaufführung: 9.11.1973.*

■ **DER CLOU**
(The Sting)
(1973) Farbe, 129 Minuten, Richard D. Zanuck und David Brown für Universal Pictures
Regie: George Roy Hill; Drehbuch: David S. Ward; Kamera: Robert Surtees; Darsteller: Paul Newman, Robert Redford, Robert Shaw, Charles Durning, Ray Walston. Deutsche Erstaufführung: 11.4.1974.

OBEN
***Der Clou* (1973).**

■ **FLAMMENDES INFERNO**
(The Towering Inferno)
(1974) Farbe, 160 Minuten, Twentieth Century-Fox (USA), Warner Brothers (Ausland)
Regie: John Guillermin, Irwin Allen (Stunts); Drehbuch: Stirling Silliphant, nach den Romanen The Tower *von Richard Martin Stern und* The Glass Inferno *von Thomas N. Scortia und Frank M. Robinson; Kamera: Fred M. Koenekamp, Joseph Biroc (Stunts); Darsteller: Steve McQueen, Paul Newman, William Holden, Faye Dunaway, Fred Astaire. Deutsche Erstaufführung: 6.3.1975.*

■ **UNTER WASSER STIRBT MAN NICHT**
(The Drowning Pool)
(1975) Farbe, 108 Minuten, Warner Brothers
Regie: Stuart Rosenberg; Drehbuch: Tracy Keenan Wynn, Lorenzo Semple jr. und Walter Hill, nach einem Roman von Ross MacDonald; Kamera: Gordon Willis; Darsteller: Paul Newman, Anthony Franciosa, Murray Hamilton, Joanne Woodward, Melanie Griffith. Deutsche Erstaufführung: 30.4.1976.

■ **BUFFALO BILL UND DIE INDIANER**
(Buffalo Bill and the Indians, or Sitting Bull's History Lesson)
(1976) Farbe, 120 Minuten, A Production of the Dino De Laurentis Corporation, Lion's Gate Films, Inc. and Talent Associates Norton Simon Inc. für United Artists
Regie und Produktion: Robert Altman; Drehbuch: Alan Rudolph und Robert Altman, nach dem Theaterstück Indians *von Arthur Kopit; Kamera: Paul Lohmann; Darsteller: Paul Newman, Burt Lancaster, Geraldine Chaplin, Joel Grey, Kevin McCarthy. Deutsche Erstaufführung: 4.7.1976.*

■ **MEL BROOKS' LETZTE VERRÜCKTHEIT: SILENT MOVIE**
(Silent Movie)
(1976) Farbe, 86 Minuten, Twentieth Century-Fox
Regie: Mel Brooks; Drehbuch: Mel Brooks, Ron Clark, Rudy De Luca und Barry Levinson, nach einer Erzählung von Ron Clark; Kamera: Paul Lohmann; Darsteller: Mel Brooks, Marty Feldman, Dom DeLuise, Burt Reynolds, Anne Bancroft. Deutsche Erstaufführung: 29.10.1976.

■ **SCHLAPPSCHUSS**
(Slap Shot)
(1977) Farbe, 123 Minuten, Universal Pictures
Regie: George Roy Hill; Drehbuch: Nancy Dowd; Kamera: Victor J. Kemper; Darsteller: Paul Newman, Strother Martin, Michael Ontkean, Jennifer Warren, Lindsay Crouse. Deutsche Erstaufführung: 29.9.1977.

■ **QUINTETT**
(Quintet)
(1978) Farbe, 110 Minuten, A Lion's Gate Production für Twentieth Century-Fox
Regie: Robert Altman; Drehbuch: Frank Barhydt, Patricia Resnick und Robert Altman; Kamera: Jean Boffety; Darsteller: Paul Newman, Vittorio Gassman, Bibi Andersson, Fernando Rey, Brigitte Fossey. Deutsche Erstaufführung: 24.8.1979.

■ **DER TAG, AN DEM DIE WELT UNTERGING**
(When Time Ran Out)
(1979) Farbe, 121 Minuten, Warner Brothers
Regie: James Goldstone; Drehbuch: Carl Foreman und Stirling Silliphant, nach dem Roman Der Tag, an dem die Welt unterging *von Gordon Thomas und Max Morgan Witts; Kamera: Fred J. Koenekamp; Darsteller: James Franciscus, Paul Newman, Jacqueline Bisset, William Holden, Ernest Borgnine. Deutsche Erstaufführung: 12.9.1980.*

■ **ENDSTATION MALIBU**
(The Shadow Box)
(1980) Farbe, 96 Minuten, ABC
Regie: Paul Newman; Drehbuch: Michael Christofer nach seinem Theaterstück; Kamera: Adam Holender; Produktion: Paul Newman, Jill Marti, Susan Kendall; Darsteller: Joanne Woodward, Christopher Plummer, Valerie Harper, James Broderick, Sylvia Sidney. Deutsche Erstaufführung: 4.1.1984 (ARD).

■ **THE BRONX**
(Fort Apache - the Bronx)
(1981) Farbe, 116 Minuten, A Time-Life Production für Twentieth Century-Fox
Regie: Daniel Petrie; Drehbuch: Heywood Gould; Kamera: John Alcott; Darsteller: Paul Newman, Edward Asner, Ken Wahl, Danny Aiello, Rachel Ticotin. Deutsche Erstaufführung: 21.1.1982.

■ **DIE SENSATIONSREPORTERIN**
(Absence of Malice)
(1981) Farbe, Columbia Pictures
Regie und Produktion: Sidney Pollack; Drehbuch: Kurt Luedtke; Kamera: Owen Roizman; Darsteller: Paul Newman, Sally Field, Bob Balaban, Melinda Dillon, Luther Adler. Deutsche Erstaufführung: 5.3.1982.

- **THE VERDICT – DIE WAHRHEIT UND NICHTS ALS DIE WAHRHEIT (The Verdict)**
(1982) Farbe, 129 Minuten, Twentieth Century-Fox
Regie: Sidney Lumet; Drehbuch: David Mamet, nach einem Roman von Barry Reed; Kamera: Andrzej Bartkowiak; Darsteller: Paul Newman, Charlotte Rampling, Jack Warden, James Mason, Milo O'Shea. Deutsche Erstaufführung: 31.3.1983.

- **HARRY & SOHN (Harry & Son)**
(1983) Farbe, 118 Minuten, Orion Pictures
Regie: Paul Newman; Idee und Drehbuch: Ronald L. Buck und Paul Newman, nach dem Roman A Lost King *von Raymond DeCapite; Kamera: Donald McAlpine; Produktion: Paul Newman und Ronald L. Buck; Darsteller: Paul Newman, Robby Benson, Ellen Barkin, Joanne Woodward, Judith Ivey. Deutsche Erstaufführung: 29.6.1984.*

- **DIE FARBE DES GELDES (The Color of Money)**
(1986) Farbe, 117 Minuten, Touchstone Pictures in Zusammenarbeit mit Silver Screen Partners II
Regie: Martin Scorsese; Drehbuch: Richard Price, nach einem Roman von Walter Tevis; Kamera: Michael Ballhaus; Darsteller: Paul Newman, Tom Cruise, Mary Elizabeth Mastrantonio, Helen Shaver, John Turturro. Deutsche Erstaufführung: 26.2.1987.

- **DIE GLASMENAGERIE (The Glass Menagerie)**
(1986) Farbe, 134 Minuten, Cineplex Odeon Films
Regie: Paul Newman; Drehbuch: nach einem Theaterstück von Tennessee Williams; Kamera: Michael Ballhaus; Darsteller: Joanne Woodward, John Malkovich, Karen Allen, James Naughton. Deutsche Erstaufführung: 12.11.1987.

- **HELLO ACTORS STUDIO**
(1987) Dokumentarfilm
Regie und Drehbuch: Annie Tresgot; Kamera: Michel Brault, Serge Giguere, Peter Reniers, Chris H. Leplus. Deutsche Erstaufführung: 16.11.1989 (BR).

- **JOHN HUSTON**
(1988) Dokumentarfilm

- **DIE SCHATTENMACHER (The Shadow Makers / Fat Man and Little Boy)**
(1989) Farbe, 126 Minuten, Paramount Pictures
Regie: Roland Joffé; Drehbuch: Bruce Robinson und Roland Joffé; Kamera: Vilmos Zsigmond; Darsteller: Paul Newman, Dwight Schultz, Bonnie Bedelia, John Cusack, Laura Dern. Deutsche Erstaufführung: 22.2.1990.

- **BLAZE – EINE GEFÄHRLICHE LIEBE (Blaze)**
(1989) Farbe, 119 Minuten, Touchstone Pictures
Regie: Ron Shelton; Drehbuch: Ron Shelton; Kamera: Haskell Wexler; Darsteller: Paul Newman, Lolita Davidovich, Jerry Hardin, Gailard Sartain, Jeffrey DeMunn. Deutsche Erstaufführung: 26.4.1990.

- **MR. & MRS. BRIDGE (Mr. & Mrs. Bridge)**
(1989) Farbe, 124 Minuten, Merchant Ivory / Robert Halmi
Regie: James Ivory; Drehbuch: Ruth Prawer Jhabvala, nach den Romanen Mrs. Bridge *und* Mr. Bridge *von Evan S. Connell. Kamera: Tony Pierce-Roberts; Darsteller: Paul Newman, Joanne Woodward, Kyra Sedgewick, Robert Sean Leonard, Margaret Welsh. Deutsche Erstaufführung: 1.11.1990.*

- **WHY HAVEL?**
(1991) Dokumentarfilm

- **HUDSUCKER – DER GROSSE SPRUNG (The Hudsucker Proxy)**
(1994) Farbe, 111 Minuten, Warner Brothers
Regie: Joel Coen; Drehbuch: Ethan und Joel Coen und Sam Raimi; Kamera: Roger Deakins; Darsteller: Paul Newman, Tim Robbins, Jennifer Jason Leigh, Charles Durning, Jim True. Deutsche Erstaufführung: 9.6.1994.

- **NOBODY'S FOOL – AUF DAUER UNWIDERSTEHLICH (Nobody's Fool)**
(1994) Farbe, 112 Minuten, Paramount Pictures
Regie: Robert Benton; Drehbuch: Robert Benton, nach einem Roman von Richard Russo; Kamera: John Bailey; Darsteller: Paul Newman, Melanie Griffith, Jessica Tandy, Bruce Willis, Dylan Walsh. Deutsche Erstaufführung: 23.11.1995.

Die zitierten Textstellen aus den Newman-Filmen folgen nicht den deutschen Synchronisationen, sondern sind Übersetzungen der Originalpassagen.

OSCAR-NOMINIERUNGEN UND -VERLEIHUNGEN

1958
Nominierung als bester Hauptdarsteller für
DIE KATZE AUF DEM HEISSEN BLECHDACH

1958
Goldene Palme als bester Hauptdarsteller für
DER LANGE, HEISSE SOMMER

1961
Nominierung als bester Hauptdarsteller für
HAIE DER GROSSSTADT

1963
Nominierung als bester Hauptdarsteller für
DER WILDESTE UNTER TAUSEND

1967
Nominierung als bester Hauptdarsteller für
DER UNBEUGSAME

1968
Nominierung als bester Film
DIE LIEBE EINES SOMMERS

1981
Nominierung als bester Hauptdarsteller für
DIE SENSATIONSREPORTERIN

1982
Nominierung als bester Hauptdarsteller für
THE VERDICT – DIE WAHRHEIT UND NICHTS ALS DIE WAHRHEIT

1985
Ehren-Oscar
„In Anerkennung seiner zahlreichen und denkwürdigen unwiderstehlichen Leinwandauftritte und für seine persönliche Integrität und seine beruflichen Verdienste"

1986
Oscar als bester Hauptdarsteller für
DIE FARBE DES GELDES

1993
Jean Hersholt Humanitarian Award
„Für seine humanitären Bemühungen"

1994
Nominierung als bester Hauptdarsteller für
NOBODY'S FOOL – AUF DAUER UNWIDERSTEHLICH

Paul Newman und viele andere wurden für dieses Buch interviewt. Zitate aus diesen Interviews sind als „Int. mit EL" gekennzeichnet. Weiteres Material stammt aus Artikeln über und Interviews mit Paul Newman, die im Laufe der letzten vierzig Jahre erschienen sind, und aus den Archiven der Warner Bros. Pictures, Inc. (WB) Film- und Fernseh-Fakultät an der Universität von Süd-Kalifornien (USC). Die Quellen sind im folgenden angeführt.

Zitate

S. 8 „Ich fand es wundervoll ..." **Int. mit EL.**
„Mies ..." **ebd.**
„Ich wollte mich lieber von den Frauen fernhalten ... Eine schlechte Entscheidung." **ebd.**
Auszeichnung in Rhetorik, **ebd.**
„war es allerdings ziemlich unsicher ..." **ebd.**
„Ich war ein furchtbar schlechter Schüler ..." **ebd.**

S. 9 „schwergefallen, Paul nicht in jedem Stück die Hauptrolle zu geben ..." ***Time*, 6. Dezember 1982.**
„Ich hatte einfach keine Zeit für die Schule ..." **Int. mit EL.**

S. 11 „Kriegszustand ..." ***Playboy*-Interview, April 1983.**
„Ein verdammter Hurensohn ... der so einigen die Hölle heiß macht ..." **Int. mit EL.**
„Ich wußte nicht, was los ist ..." ***Playboy*-Interview, April 1983.**
„Ich glaube, er hat mich immer für einen ziemlichen Schwächling gehalten ..." ***Time*, 6. Dezember 1982.**

S. 13 „Sie ist in einer sehr armen Familie aufgewachsen ..." ***Playboy*-Interview, April 1983.**
„regelmäßig grün und blau geprügelt wurde" ***Time*, 6. Dezember 1982.**
„keine besonders wertvolle schauspielerische Eigenschaft ..." **ebd.**
Rotgrünblindheit, **Int. mit EL.**

S. 14 „Ich war damals ein Taugenichts ... das hat unsere Beziehung nicht gerade gefestigt ..." **ebd.**
„Ich glaube, sie haben es mir nie verziehen ..." **ebd.**
„wo die Helden noch Auge in Auge kämpften ..." ***CBS This Morning*-Interview mit Gene Siskel, 12. Januar 1995.**
„Der Pilot, mit dem ich flog ..." ***Time*, 6. Dezember 1982.**
„viele gingen dabei drauf ..." **Int. mit EL.**
„Ich bin den ganzen Krieg über mit zwei Rasierklingen ausgekommen ..." ***Time*, 6. Dezember 1982.**

S. 15 „Ich glaube, es war reine Großzügigkeit ..." **Int. mit EL.**

S. 17 „Nun, sagen wir einfach ..." **ebd.**
„Es war ein toller Laden ..." ***Saturday Evening Post*, 24. Februar 1968.**

S. 18 Er leitete einen Golfplatz und hatte außerdem noch ein paar andere Jobs, **Int. mit EL.**
„Ich sah ungefähr wie ein Vierjähriger aus ..." **ebd.**
„Ich wußte, daß ich vor einem Leben ..." **ebd.**
„das einzige war, was ich gut konnte ..." ***The New York Times*, 9. Februar 1981.**
„Ich hatte keine Ahnung ..." ***Player*, 1962.**
„Ich habe mich, was meine Gefühle anbelangt ..." ***The New York Times*, 9. Februar 1981.**
„Die emotionalen Anforderungen ..." ***Time*, 6. Dezember 1982**

S. 20 „war das erste, was mir bei Betrachtung ..." **ebd.**
„Diese Darstellung ..." ***The New York Times*, 9. Februar 1981.**

S. 22 „Als *Picknick* herauskam ..." ***The New York Times*, 30. August 1953.**

S. 23 „Na ja, deine Darstellung war recht interessant ..." ***Playboy*-Interview, April 1983.**
„Zu der Zeit ..." ***The New York Times Magazine*, 28. September 1986.**
„Nach meiner Auffasung ..." **ebd.**

S. 26 „sie meine Angst beim Vorsprechen... verwechselt haben ..." ***Playboy*-Interview, April 1983.**
„ungestimmtes Klavier ..." ***The New York Times Magazine*, 28. September 1986.**

S. 27 „alle Rechte ..." **Arbeitsvertrag, 8. April 1954, WB Archiv, USC.**

S. 30 „beinahe allen Leuten, die ich kannte ..." **Int. mit EL.**
Probeaufnahme Newman / Dean, **WB Archiv, USC.**

S. 34 „Wir müssen vier Kästen Bier ..." **Int. mit EL.**
„Ein klassisches Beispiel ..." ***The New York Times Magazine*, 6. November 1966.**

S. 35 „Bei der ersten Filmspule ..." ***Time*, 6. Dezember 1982.**
Bedtime for Bonzo, **Int. mit EL.**
„Ich glaube, ich bin ..." ***The New York Times*, 5. Mai 1957.**

S. 36 „Einmal – in einem Fernsehspiel …" ***Playboy*-Interview, Juli 1968.**

S. 37 „mit seinem gewaltigen Appetit …" **Int. mit EL.**
„Ich wollte nicht …" **ebd.**

S. 38 „Ich versuchte …" ***Time*, 6. Dezember 1986.**
„Der Schauspieler muß sich der Rolle nähern …" ***Playboy*-Interview, Juli 1968.**
„Für zwei Wochen …" **ebd.**

S. 39 „Mister Newman … spielt die Rolle …" ***The New York Times*, 6. Juli 1956.**
„[Graziano] erzählte mir …" ***Playboy*-Interview, April 1983.**

S. 41 „Ich spiele Rocky Graziano …" ***The New York Daily News*, 8. Juli 1956.**
Im Oktober 1955 wurde Newman von Warner Brothers ausgeliehen, **WB Archiv, USC.**

S. 42 „nach Abschluß aller erforderlichen Tätigkeiten …" **Leihvertrag, 2. Dezember 1955, WB Archiv, USC.**
„brillante, eingehende Darstellung …" ***The New York Times*, 6. November 1956.**
„hatte wirklich etwas zu sagen …" ***Time*, 6. Dezember 1986.**

S. 44 2.500 Dollar Leihgebühr von MGM, **Leihvertrag, 8. Februar 1957, WB Archiv, USC.**
Probeaufnahmen für die Rolle, **WB Archiv, USC.**
Zum Titel von *Ein Leben im Rausch*, **ebd.**
„Bähhh." ***Time*, 6. Dezember 1982.**

S. 45 „Tier … ein wahrer Grizzly …" ***Playboy*-Interview, April 1983.**
„Für mich sind sie wie Hunde …" **ebd.**

S. 46 „Kavaliersdelikte …" ***Washington Post*, 5. Januar 1969.**
„Ich habe entdeckt …" ***The New York Times*, 5. Mai 1957.**

S. 47 „Die Wunden der Kinder …" ***The New York Daily News*, 5. April 1962.**

S. 49 „Die Figur des Harper …" ***Playboy*-Interview, Juli 1968**
„mir die Möglichkeit gibt …" **ebd.**

S. 50 „Paul Newman ist in Höchstform …" ***The New York Times*, 4. April 1958.**
Er bekam 14 1/6 Prozent … **Vereinbarung mit Harroll Productions, 7. November 1956, WB Archiv, USC.**
„Ich soll etwas von meinen Anteilen abgetreten haben? …" **Int. mit EL.**
„Das ist so, als …" ***Collier's*, 20. Juli 1956.**

S. 51 „wir bekamen das Drehbuch nie richtig hin …" ***Playboy*-Interview, April 1983.**

S. 52 „seiner Zeit …" ***Time*, 6. Dezember 1982.**
„zwischen 8.000 und 14.000 Dollar …" **Int. mit EL.**
„einen Film, den nur ein Franzose …" **Gore Vidal, *Palimpsest, A Memoir*, Random House, 1995, S. 296.**

S. 54 „ein Herz für …" ***The New York Times*, 25. Dezember 1994.**
„Mister Newman ist vielleicht …" ***The New York Times*, 19. September 1958.**

S. 56 „Erinnern Sie sich an Skipper, den toten Freund …" ***The New York Daily News*, 5. April 1962.**
„Jetzt bist du also bei Apollo gelandet …" ***The New York Times Magazine*, 28. September 1986.**

S. 60 „Bei Joanne ist es so …" ***The New York Daily News*, 5. April 1962.**
„Ohne sie wäre ich nirgendwo …" **ebd.**
„Ich glaube einfach, der Zufall …" **Int. mit EL.**

S. 61 „Vor einem Tonstudio …" **ebd.**
„… sich ungestört mit seiner Frau zu unterhalten …" ***Playboy*-Interview, April 1983.**
„Ich habe aufgehört, Autogramme zu geben …" **ebd.**
„Ich schulde ihnen eine Menge …" **ebd.**

S. 62 „mißtrauisch. Ich glaube, deshalb …" **ebd.**
„Das geht niemanden etwas an …" **ebd.**
„Paul hegt ein Gefühl …" ***Time*, 6. Dezember 1982.**
„die letzte der Wahnsinnsbräute …" ***The New York Times*, 9. Oktober 1966.**
„wie unglaublich sie ist" ***The New York Times Magazine*, 28. September 1986.**
„Hätte mir vor zwanzig Jahren jemand gesagt …" **ebd.**

S. 83 „eine sogenannte ‚Stargarderobe' …" **Leihvertrag, 5. Mai 1958, WB Archiv, USC.**
Vertragserneuerung, **8. August 1958, WB Archiv, USC.**
„‚Fahr zur Hölle', sagte ich zu Jack Warner …" ***Playboy*-Interview, Juli 1968.**

S. 84 „zur einen Hälfte aus vulgärer Gier …" ***New York Herald Tribune*, 22. März 1959.**
„Die drei Hauptfiguren …" ***The New York Times*, 20. März 1959.**
„brillant gespielt …" **ebd.**
„Als Mister Williams anfangs …" **ebd.**

S. 86 „Ich kannte Williams …" **Int. mit EL.**

S. 87 Zahlung von 500.000 Dollar, **Vertragsauflösung, August 1959, WB Archiv, USC.**

S. 91 „was wir Joannes Intelligenz …" ***Playboy*-Interview, Juli 1968.**

„Frostig." ***Time*, 6. Dezember 1982.**
„Ari Ben Canaan ..." ***The New York Times*, 16. Dezember 1960**

S. 93 „als ob der Teufel ..." ***The New York Times*, 27. September 1961.**
„Bestechlichkeitsgrad" ***The New York Daily News*, 6. April 1962.**
„fiel auf, daß ich ..." ***Time*, 6. Dezember 1982.**
„Ich selbst war auch nicht gerade begeistert ..." ***Playboy*-Interview, April 1983.**

S. 94 „Das hat mich damals sehr verletzt ... nicht mehr gekommen." **ebd.**
„Er sagte, man habe ihn immer ... ***The New York Times Magazine*, 28. September 1986.**
„Das hätte meine große Stunde werden können ..." **ebd.**

S. 95 „Nur wenige Schauspieler ..." ***Playboy*-Interview, Juli 1968.**

S. 96 „Zum ersten Mal seit langem ..." ***Time*, 6. Dezember 1982.**
„Wenn ein Schauspieler ..." ***Playboy*-Interview, Juli 1968**

S. 97 „Wenn ich jemanden um etwas beneide ..." **ebd.**
„Ein Schauspieler sucht ..." **ebd.**

S. 100 „Ist er nicht im Showbusineß?" **Int. mit EL.**
„Als wir das Haus kauften ..." ***Playboy*-Interview, Juli 1968**

S. 101 „Man könnte bequem zu dritt darin schlafen ..." **ebd.**
„Du machst plötzlich mehr ..." ***Louisville Courier*, o. D.**

S. 102 „Mich interessiert es sogar sehr ..." **Int. mit EL.**
„Man konnte nachts zu Fuß nach Hause gehen ..." **ebd.**

S. 103 „Man muß sich mit dem Gedanken abfinden ..." **ebd.**

S. 106 „Ich komme immer wieder auf *Der Wildeste unter Tausend* zurück ..." ***Playboy*-Interview, Juli 1968.**

S. 108 „nach hinten losgegangen ist ..." **ebd.**

S. 110 „Man kommt an einen Punkt ..." ***The New York Times Magazine*, 28. September 1986.**
„Eigentlich sollte ich ..." ***Playboy*-Interview, Juli 1968.**
„Das würde ich ja gerne tun ..." ***The New York Times Magazine*, 28. September 1986.**
„Ein echter Knaller ..." **ebd.**

S. 111 „Es ist schwer, ein Sexsymbol zu sein ..." ***The New York Times Magazine*, 12. Dezember 1994.**
„Joanne las es ..." ***Time*, 6. Dezember 1982.**

S. 113 „Er hat mir gefallen ..." **ebd.**
„Ich bin nicht so sicher ..." **Int. mit EL.**
„Ich bin jeden Morgen in dem Bewußtsein ..." ***Time*, 6. Dezember 1982.**

S. 114 750.000 Dollar Gage und andere Zahlen aus Verträgen, **WB Archiv, USC.**
Farbe statt Schwarzweiß für *Ein Fall für Harper*, **ebd.**
„Wie geht's denn so? ..." ***Playboy*-Interview, Juli 1968.**
„Was für ein außergewöhnlicher Mann ..." **ebd.**

S. 115 „war er [der Privatdetektiv] ..." ***New York Herald Tribune*, 3. April 1966**

S. 117 „schnüffelte ich [am Drehort] herum ..." ***Playboy*-Interview, Juli 1968.**
„enthält anstößige Elemente ..." **Brief, 25. Mai 1965, WB Archiv, USC.**

S. 118 „die beste künstlerische Erfahrung ..." ***The New York Times Magazine*, 6. November 1966.**
„Zum ersten Mal seit fünfundzwanzig Jahren ..." **Int. mit EL.**
„Schauspieler wollen Regie führen ..." ***The New York Times*, 22. Oktober 1987.**

S. 119 „Ich bin herumgelaufen ..." ***The New York Times*, 1. September 1968.**

S. 120 „Ich bin da hineingeraten ..." ***The Times* (London), 1968, o. D.**
„Als Vater war ich eigentlich dagegen ..." ***The New York Times*, 22. Oktober 1987.**
„mir war der Kontrast ..." **ebd.**

S. 122 „In dieser Stadt gibt es eine Verschwörung ..." ***Esquire*, September 1969.**
„fast ausschließlich körperlich ..." ***Saturday Evening Post*, 24. Februar 1968.**
„Als Schauspieler ..." ***The New York Times*, 22. Oktober 1987.**

S. 123 „Als Gefreiter Harry ..." ***The New York Times*, 1. März 1968.**

S. 127 „Zu schade, daß sie am Schluß getötet wurden ..." ***Time*, 6. Dezember 1982.**

S. 148 „eine Meldung auf Seite neun ..." ***Playboy*-Interview, Juli 1968.**
„Mir geht es nicht um politische Überzeugung ..." ***The New York Times*, 22. April 1968.**

S. 149 „Ich habe in meinem Leben ..." ***The New York Times Magazine*, 1. Februar 1995.**
„Film mit unglaublichem Potential ..." ***Time*, 6. Dezember 1982.**
„In Hollywood fragen mich die Leute ..." **ebd.**

S. 151 „Manchmal muß man einfach Dampf ablassen ...“ ***The New York Times Magazine*, 6. November 1966.**

S. 152 „Ich habe eines Tages ...“ ***Playboy*-Interview, April 1983.**

S. 153 „Vier Jahre nach *Indianapolis* fand ich die Zeit...“ **Int. mit EL.**

S. 154 „Meine Teilnahme an den Rennen ...“ ***The New York Times*, 11. Juni 1979**

S. 155 „Also darum nennt man Sie Cool Hand Luke ...“ ***Los Angeles Times*, 24. Juli 1985.**
„Es spielt für mich keine Rolle ...“ ***The New York Times*, 2. Juli 1979**
„Jeder Gedanke ...“ ***McCall's*, Januar 1991.**
„Sie war in all der Zeit das Beste ...“ ***Playboy*-Interview, April 1983.**
„Ihre Theorie ist ...“ **ebd.**

S. 158 „Es ist kein rassistischer Film ...“ ***The New York Times*, 18. April 1980.**
„Natürlich gibt es auch puertoricanische Banker ...“ ***The New York Times*, 9. Februar 1981.**
„nicht mehr so viel Mühe ...“ **Int. mit EL.**
„wie ein Hund ...“ ***The New York Times Magazine*, 28. September 1986.**
„Er wußte eine Menge ...“ **ebd.**
„Die Gefühle waren da ...“ **ebd.**

S. 159 „Er hat immer wieder versucht zu mogeln ...“ **ebd.**
„Man dringt zum Wesenskern der Personen vor ...“ **Int. mit EL.**
„eine von Pauls größten Stärken als Schauspieler ...“ **ebd.**

S. 160 „Eine Zeitlang ...“ ***Playboy*-Interview, April 1983.**
„war ein Job ...“ **Int. mit EL.**
„Paul ist der größte Gentleman ...“ **ebd.**
„Ich denke, ich habe einen ganz guten Film gemacht ...“ **ebd.**

S. 161 „Es war ein Genuß ...“ **ebd.**
„Also, das ist deren Problem ...“ **ebd.**

S. 162 „Da gab es einen wunderbaren ungarischen Cutter ...“ **ebd.**

S. 164 „Eigentlich hatte ich den Anruf ...“ ***Playboy*-Interview, April 1983.**

S. 165 „Wir waren wie Gummibänder ...“ ***Time*, 6. Dezember 1982.**
„Ich konnte nichts anderes tun ...“ ***Playboy*-Interview, April 1983.**
„Die Tatsache, daß ...“ ***USA Today*, 27. März 1995.**

S. 168 „Ich halte mich nicht für einen Wohltäter ...“ **Int. mit EL.**
„sich zum Schicksal zu bekennen ...“ ***I Will Sing Life, Voices from the Hole in the Wall Gang Camp*, by Larry Berger, Dahlia Litwick and Seven Campers, Little Brown and Company, 1992.**

S. 170 „Positives Trauma ...“ und Brief, **Int. mit EL.**

S. 171 „habe ich einen kleinen Jungen ...“ **ebd.**
„Diesen Paul Newman würde niemand wiedererkennen ...“ ***USA Today*, 27. März 1995.**

S. 173 „Es geht um einen Mann ...“ **Int. mit EL.**

S. 174 „Aus der Perspektive eines Schauspielers ...“ **ebd.**
„Nachdem ich das Drehbuch fertig hatte ...“ **ebd.**

S. 175 „Robert Altman hat einmal gesagt ...“ **ebd.**
„Ich wollte diesen Paul wiederhaben ...“ **ebd.**
„und wir hatten uns an irgend etwas festgebissen ...“ **ebd.**
„Bei Sully war eine Menge Glück im Spiel ...“ **ebd.**

S. 176 „Ich stehe zwischen zwei Welten ...“ **Thomas Mann, *Tonio Kröger*, Frankfurt / M.: S. Fischer Verlag, 1973.**
„Die Bürger halten uns für Revolutionäre ...“ ***The New York Times Magazine*, 28. September 1986.**
„Manchmal spüre ich, daß ich ganz erfüllt bin ...“ ***The New York Times*, 9. Februar 1981.**

S. 177 „Es gibt einen alten Witz ...“ **ebd.**
„Mir fällt nichts ein ...“ ***Newsweek*, 19. Dezember 1994.**

S. 178 „Ich habe es immer als sehr schmerzlich empfunden ...“ **Int. mit EL.**

Register

DANKSAGUNGEN

Meinen Dank an Steven Koltai, Leith Adams und Peter Gardiner von Warner Brothers und Stuart Ng und Bill Whittington von Warner Brothers Archives School of Cinema-Television an der Universität von Süd-Kalifornien für den Zugang zu äußerst hilfreichen Unterlagen.

Bei Pavilion hatte Colin Webb die Idee, Emma Lawson und Natasha Martyn-Johns halfen bei der Umsetzung, und die Lektorinnen Annie Lee und Libby Willis waren als unsichtbare Helfer immer zur Stelle, wenn es darum ging, den Schriftsteller vor sich selbst zu retten.

Juliet Brightmore hat Tausende von Photographien gesichtet. Es ist ihr unmittelbarer Verdienst, daß dieses Buch eine Augenweide geworden ist.

Linda „Sherlock" Amster ist eine wundervolle Freundin und die begabteste Forscherin der Welt. Mit ihr zusammen macht die Suche Spaß.

Carroll W. Brewster von der Stiftung Hole in the Wall Gang hat mir den Weg geebnet, wofür ich ihm sehr dankbar bin.

Mein besonderer Dank gilt Paul Newman, der sich viel Zeit für die Interviews genommen und wohlwollend die Fakten geprüft hat für ein Buch, das nicht auf seine Initiative hin enststanden ist.

PHOTOGRAPHIEN

BFI Stills, Posters and Designs, London, mit Dank an Columbia Pictures, First Artists, Island / Katz-Denny, Metro-Goldwyn-Mayer, Mirage Productions-Columbia Pictures, National General Pictures, Orion Pictures Corporation, Paramount Pictures Corporation, Time-Life Productions, Touchstone Pictures, Twentieth Century-Fox, United Artists Corporation, Universal Pictures, Warner Bros. Inc., Warner Bros.-Seven Arts Inc.

Robert Benson © 1992.

Camera Press, London, mit Dank an Dalmas, Terry O'Neill, Lawrence Schiller, David Sutton.

Joel Finler Collection, London.

Kobal Collection, London.

London Features International mit Dank an Sid Avery, Liefer, Ken Regan, David Sutton.

Magnum Photos, London, mit Dank an Eve Arnold, Magnum Group.

Newman's Own, Inc.

Pictorial Press, London, mit Dank an Globe, Jack Stager.

Range / Bettman / UPI.

Rex Features, London, mit Dank an Globe, John R. Hamilton, Lazic, Meurou, Mooney, Orlando, Jim Selby, Sipa Press, Irv Steinberg.